어린이 지식클립 시리즈는
초등학생들이 학교 공부를 토대로 세상을 알아 가는 데
필요한 다양한 배경지식을 재미있는 그림과 알찬 문장으로
소개하는 초등 교양 시리즈입니다.

어린이 지식클립 3

우리는 고사성어 탐정단

 **머리말**

주절주절 긴 이야기를
한마디로 표현하는 방법은?

길게 주절주절 설명하는 대신 한마디로 딱 얘기하고 싶을 때가 있어요. "뭐든 많으면 많을수록 좋지!"라고 말하는 대신 간단하게 한마디로 표현하면? "많많지." 이렇게 해볼까요? 줄임말을 만들어 쓰는 거죠. 하지만 내 마음대로 만든 줄임말은 다른 사람들이 알아듣지 못해요. 그럼, 줄임말 말고 고사성어는 어떨까요?

고사성어는 옛날이야기에서 비롯된 한자 말이에요. 옛날에 살았던 사람들이 겪은 다양한 경험에서 나온 말이지요. 그래서 고사성어에는 사람의 생각과 감정이 잘 나타나 있어요. 옛사람들의 지혜가 느껴지기도 하지요. 고리타분하거나 촌스럽지 않아요.

한번 볼래요?

많으면 많을수록 좋다 --- **다다익선**

많이 듣는 것보다 한 번 보는 게 낫다 --- **백문이 불여일견**

제자가 스승보다 낫다 --- **청출어람**

쓸모없는 것이 때에 따라서는 크게 쓰인다 --- **무용지용**

진짜처럼 보이는 가짜 --- **사이비**

어때요? 긴 표현들이 한 마디로 딱 떨어지지요! 그래도 한자라서 어렵겠다고요? 청학동에서 온 서당 개와 함께라면 걱정 없어요.

서당 개는 청학동 서당에서 3년 동안 고사성어를 공부하고 서울의 학원가에 출사표를 냈어요. 서당 문만 열면 문전성시를 이룰 줄 알았지요. 어쩌다 휘말려버린 오리무중의 사건 속에서 길을 잃기 전까지는 말이에요. 하지만 인생은 새옹지마라고 하지요?

죽마고우처럼 친해진 친구들과 사건을 해결하며 새로운 길을 찾았답니다. 서당 개의 뒤를 졸졸 따라가며 도대체 무슨 일이 있었는지 들어 볼까요? 그러다 보면 고사성어가 저절로 입에 익을 거예요. 서당독의 조수 셜리가 바로 그 증인이에요.

그럼, 어서 서당 개를 불러봐요. 멍멍.

프롤로그

청학동의 노란 똥강아지
목불식정(目不識丁)에서 청출어람(靑出於藍)되다!

등장인물

이름	서당독
나이	만 5살
외모	누런색(똥개로 추정) 귀가 크고 냄새를 맡으면 코가 커짐
특징	서당개로 3년을 살면서 인간의 말을 깨우침 고사성어에 능통함 초능력에 가까울 정도의 후각을 지님

특이사항

배를 만지면 마구 애교를 발산하니 조심할 것
드라마 〈마약 탐지견〉에 꽂혀 있음

이름	셜리
나이	10살 (송이 초등학교 3학년)
외모	두꺼운 안경을 씀 멜빵바지를 좋아함
특징	장래 희망은 탐정 친구들의 분실물을 찾아 주며 탐정 연습 중 안경을 벗으면 눈이 크고 예쁨

이름	준수
나이	10살 (셜리와 같은 반)
외모	자타공인 잘생겼음 (하루에 한 번씩 "고놈, 참 잘생겼네!"라는 말을 들음)
특징	현재 학원 10군데 수강 중 가끔 셜리의 꼬임에 빠져 학원을 빼먹고 엄마에게 혼남

머리말 **4**   프롤로그 **6**   등장인물 **8**

서당 간판 도난사건 ▶▶▶▶▶ **14**

결초보은 · 금시초문 · 동병상련 · 불철주야 · 언감생심 · 일장춘몽
자포자기 · 청산유수 · 파렴치 · 표리부동

고사성어 탐정 연구소 — 시작편 **30**
기우 · 대기만성 · 살신성인 · 선견지명 · 새옹지마 · 유비무환 · 초지일관

고사성어 퀴즈 **32**

귀신이 산다! ▶▶▶▶▶ **34**

권모술수 · 백문이 불여일견 · 비몽사몽 · 사이비 · 신출귀몰 · 아연실색
야단법석 · 암중모색 · 유언비어 · 일망타진 · 일석이조 · 진인사대천명
혼비백산

고사성어 탐정 연구소 — 마음편 **52**
견물생심 · 단장 · 동상이몽 · 심기일전 · 오매불망 · 일편단심 · 작심삼일
학수고대 · 허심탄회 · 희로애락

고사성어 퀴즈 **54**

띵호와 반점의 미스터리　56

군계일학 · 과유불급 · 다다익선 · 문전성시 · 미궁 · 백미 · 칠전팔기

고사성어 탐정 연구소 — 관계편　72

간담상조 · 교우이신 · 도원결의 · 동고동락 · 순망치한 · 십시일반 · 유유상종
이심전심 · 자업자득 · 호형호제

고사성어 퀴즈　74

하늘에서 떨어진 물풍선　76

기사회생 · 고진감래 · 마부작침 · 오비이락 · 외유내강 · 인지상정
설상가상 · 소탐대실 · 천군만마 · 천만다행 · 청천벽력 · 후회막급

고사성어 탐정 연구소 — 노력편　92

개선장군 · 괄목상대 · 금의환향 · 등용문 · 삼고초려 · 입신양명
인과응보 · 타산지석 · 화룡점정

고사성어 퀴즈　94

치즈 체험장에서 일어난 일   96

각골난망 · 두문불출 · 수어지교 · 오리무중 · 용두사미 · 우공이산
죽마고우 · 지음

고사성어 탐정 연구소 — 사람편   114
각주구검 · 낭중지추 · 배은망덕 · 백면서생 · 우유부단 · 우이독경 · 측은지심

> 고사성어 퀴즈   116

개똥 테러 사건   118

관포지교 · 개과천선 · 경거망동 · 교언영색 · 위풍당당 · 일취월장
사필귀정 · 속수무책 · 조족지혈 · 청출어람 · 호시탐탐

고사성어 탐정 연구소 — 성공편   136
와신상담 · 사생결단 · 자수성가 · 전화위복 · 지피지기 · 환골탈태 · 형설지공

> 고사성어 퀴즈   138

1 서당 간판 도난 사건

단.서.는. 표리부동(表裏不同)

이른 새벽 공기는 아직 쌀쌀했어요.

후다닥 강아지 세수를 마친 서당독은 서울 가는 기차에 몸을 실었어요. 창문으로 쏟아지는 햇살이 두 뺨을 살갑게 어루만져 주었지요.

이윽고 서울역에 도착하자 서당독은 송이 초등학교 옆 아파트 상가로 향했어요.

제일 먼저 눈에 보이는 건 다닥다닥 붙어 있는 학원 간판이었어요. 학교 수업이 끝났는지 건물 안으로 아이들이 우르르 모여드는 모습에 서당독의 입꼬리가 씰룩쌜룩 움직였어요.

'서당을 열기에 아주 딱이군! 아이들이 서당으로 마구 몰려들면 곤란할 테니 전단지는 딱 30장만 돌려야겠다.'

표 리 부 동
表 裏 不 同
겉 표 속 리 아닐 부 한가지 동

겉과 속이 같지 않다는 뜻으로, 겉으로 하는 행동과 속마음이 다른 사람을 말해요.

김칫국을 사발째 들이마시며 정성스레 전단지를 만들던 서당독은 불현듯 무릎을 '탁' 쳤어요.

"맞다! 훈장님이 향나무로 만들어 주신 간판도 달아야지!"

하지만 서당독의 짜리몽땅한 몸으로는 도저히 손이 닿지 않았어요.

"휴~ **언감생심**이군! 내일 사다리라도 빌려야겠어."

간판과 전단지를 문 앞에 고이 놔둔 채 안으로 들어간 서당독은 소파에 드러눕자마자 곯아떨어졌어요. 그날 밤, 고사성어를 배우겠다고 몰려드는 아이들 틈에 끼어 납작 강아지가 되는 꿈을 꾸었지요.

다음 날, 서당독은 머리를 흔들고 두 눈을 마구 비벼봤어요.

어젯밤 분명 문 앞에 놔둔 간판과 전단지가 감쪽같이 사라졌거든요.

주변을 아무리 둘러봐도 흔적조차 보이지 않았어요. 서당독은 새카만 코를 치켜들고 오우~ 울었지요.

'아! 훈장님처럼 서당을 차려 훗날 스타 강사가 되겠다는 내 꿈이 **일장춘몽**이 돼버리는 건 아닐까?'

바로 그때 아주 잠깐이지만 익숙한 냄새가 코끝을 스쳤어요.

'킁킁! 향나무 냄새다! 어쩌면 간판이 아직 건물 안에 있을지 몰라.'

서당독은 본능적으로 콧구멍을 벌름거리며 냄새를 쫓기 시작했어요. 복도를 따라 킁킁킁, 계단을 살피며 킁킁킁, 정신없이 땅만 보며 냄새를 쫓던 바로 그때,

일 장 춘 몽
一 場 春 夢
한일 마당장 봄춘 꿈몽

한바탕의 봄 꿈이라는 뜻으로, 인생의 허무함을 비유한 말이에요. 무엇이든 노력을 기울여야 한낱 꿈이 되어버리지 않겠죠?

쿵하고 계단으로 올라오는 누군가와 세게 부딪혔어요.

"아야! 엥? 강아지잖아. 괜찮아? 주인은 어디 갔어?"

서당독과 부딪힌 건 헐레벌떡 학원으로 향하던 셜리였어요. 평소 강아지를 좋아하는 셜리는 서당독을 그냥 지나치지 못하고 마구 쓰다듬었어요.

"자, 잠깐! 난 서당독이라고 해. 지금 서당 간판을 도둑맞아서 찾는 중이라고!"

셜리는 말하는 강아지에 놀라 한참 동안 입이 쩍 벌어졌지만 왠지 모를 친근한 모습이 마음에 들었어요.

"뭐? 간판을 도둑맞았다고? 흠… 내가 도와줄게. 같이 찾아보자!"

평소 탐정 만화를 즐겨 보며 훗날 탐정을 꿈꾸던 셜리가 진짜 사건 냄새를 놓칠 리 없었어요.

옆에 있던 준수도 쭈뼛쭈뼛 따라왔어요. 준수는 셜리보다 학원을 4개나 더 다니느라 항상 바쁘지만, 오늘은 웬일인지 친구들을 따라나섰어요.

서당독은 가슴이 몽글몽글 해지면서 안심이 되었어요. 서울은 눈 뜨고도 코 베이는 곳이라고 하던데 이렇게 좋은 친구들을 만나게 되다니!

"얘들아, 정말 고마워. 이 은혜는 잊지 않고 꼭 **결초보은**할게."

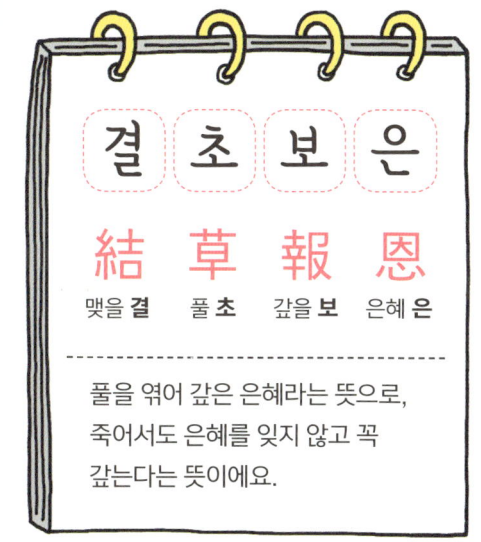

서당독과 친구들은 3층 서당에 모였어요. 그리고 간판과 전단지를 가져갈 만한 사람을 머릿속에 떠올려봤어요.

 서당 간판을 탐낼 만한 사람이 누굴까?

 없을걸. 다른 사람들에겐 필요 없는 물건이잖아.

 아니. 네 경쟁자라면 몰래 가져가고 싶을지 몰라.

 경쟁자라고? 난 겨우 어제 서울에 왔어. 경쟁자는 커녕 너희들 말고는 아는 사람도 없다고.

 다른 학원들이 네 경쟁자 아냐?

 하지만 고사성어를 가르치는 학원은 없던데?

 4층 논술 학원에서 한자를 가르쳐.

 경쟁자를 괴롭히려고 남의 소중한 물건을 훔친다고? 그런 **파렴치**한 사람이 있다니!

 아직 속단하긴 일러. 먼저 증거를 찾아보자.

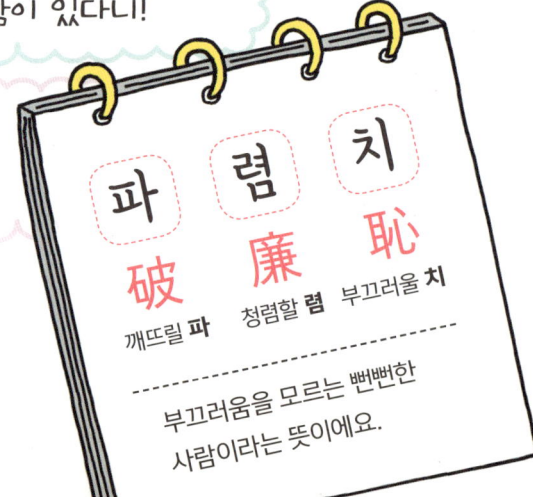

파 렴 치
破 廉 恥
깨뜨릴 파　청렴할 렴　부끄러울 치

부끄러움을 모르는 뻔뻔한 사람이라는 뜻이에요.

서당독과 아이들은 4층 논술 학원으로 재빨리 올라갔어요.

"쌤, 3층에 서당이 새로 생기는 거 아시죠? 근데 거기 간판이랑 전단지가 밤새 사라졌대요. 혹시… 쌤이 가져가신 건 아니죠?"

논술 선생님은 펄쩍 뛰었어요.

"아니, 내가 왜? 난 서당이라는 말도 **금시초문**이야. 촌스럽게 요즘 세상에 누가 서당을 다닌다고…."

3년 동안 **불철주야** 고사성어 실력을 갈고닦아 서울까지 올라온 서당독은 논술 선생님의 말에 자존심이 상했어요. 화가 치민 서당독이 사탕을 으드득 씹어 먹고는 쓰레기를 홱 버리려던 순간, 우연히 쓰레기통 안에서 구겨진 뭔가를 발견했어요.

"어? 찾았다! 서당 전단지!"

갑자기 논술 선생님의 얼굴이 벌겋게 달아올랐어요.

"어머! 저게 왜 거기서 나오지?"

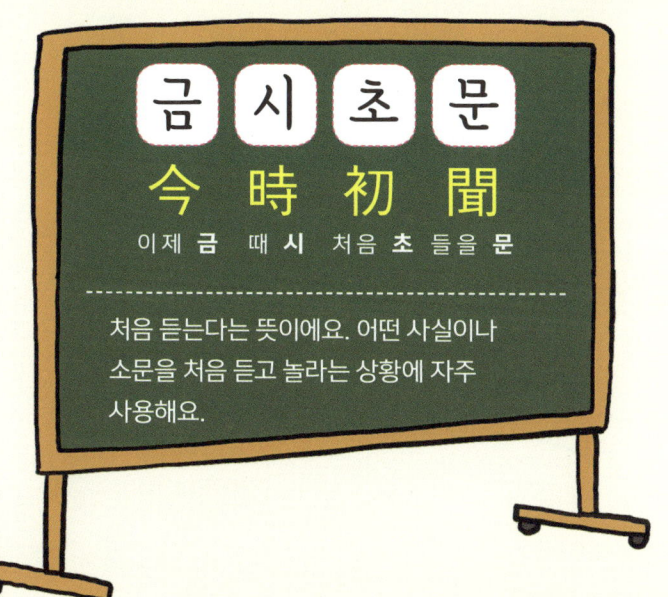
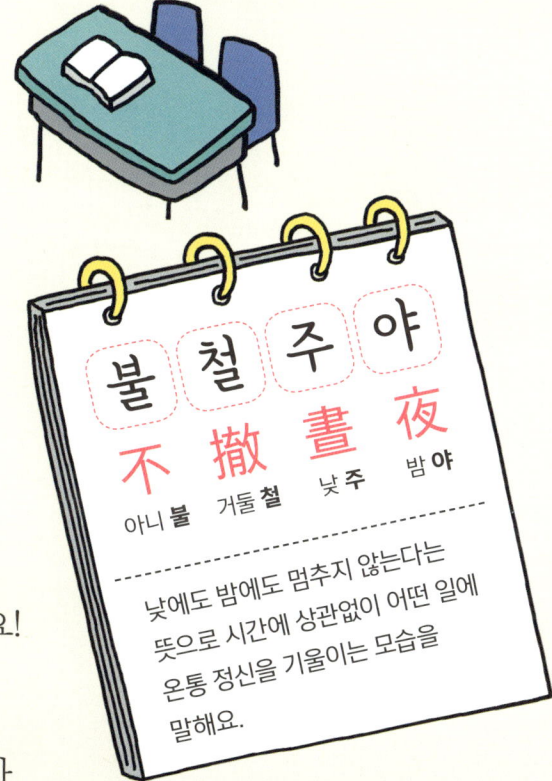

"금시초문이라더니 모두 거짓말이었군요! 내 간판도 가져갔죠? 어서 내놔요!"

서당독이 전단지를 움켜쥐며 으르렁대자 당황한 논술 선생님은 삑사리까지 내며 목소리를 높였어요.

"어젯밤 퇴근길 복도에 전단지 몇 장이 굴러다니길래~, 큼큼 한 장 주웠을 뿐이야. 맹세코~, 큼큼 간판은 몰라. 준수야, 넌 못 봤니? 어제 마지막까지 남아 있었잖아."

"네? 아뇨. 밤이라 너무 깜깜해서 전 아무것도 못 봤어요."

준수는 고개를 세차게 저었어요. 그 사이 서당독은 논술 학원을 샅샅이 살폈어요. 책 먼지 냄새, 잉크 냄새, 달콤한 사탕 냄새…. 하지만 향나무의 흔적은 어디에도 없었어요.

실망한 서당독은 한숨을 푹 내쉬었어요.

논술 쌤은 범인이 아니야.

"킁킁, 이게 무슨 냄새지?"

서당독이 다시 코를 벌름거리자, 논술 선생님은 드르륵 창문을 닫았어요.

"어휴~. 오늘 아침부터 5층 과학 학원에서 계속 연기가 났어. 나무를 태우는지 하루 종일 냄새가 진동을 하네."

논술 선생님의 말에 서당독 일행은 5층 과학 학원으로 후다닥 올라갔어요. 학원 문을 벌컥 열자, 메케한 연기가 훅 덮쳤어요. 곧이어 눈이 벌게진 과학 선생님이 기침을 하며 문밖으로 뛰쳐나왔어요.

"캐액. 무슨 놈의 연기가 이렇게 많이 나는지…."

서당독은 어딘가 어설퍼 보이는 과학 선생님에게 날카롭게 물었어요.

"지금 뭘 태우는 거죠? 설마, 나무?"

"응? 어, 맞아. 〈집에서 나무로 숯 만들기〉 수업 준비 중이거든. 캑, 어떻게 알았니?"

"제가 **청산유수**로 말을 잘해서 모르시나 본데, 전 냄새 하나는 기가 막히게 잘 맡는 개라고요. 멍! 그런데 저 나무들은 어디서 난 거죠?"

"나무? 근처 땔감 파는 곳에서 샀지."

서당독은 말이 끝나기가 무섭게 안으로 냉큼 들어가 숯덩이가 된 나무가 있는 곳으로 향했어요. 서당독은 발을 이리저리 굴리며 나뭇더미에 바짝 코를 박았어요.

하지만 어디에서도 향나무 냄새는 나지 않았어요.

"스읍, 이건 껍질이 종이처럼 얇고, 기름기가 많은 걸 보니 자작나무야."

"이건 나무가 두텁고, 킁킁 타닌 냄새가 나는 걸 보니 참나뭇과야."

"오우~ 오우~"

청산유수
青山流水
푸를 청　메 산　흐를 유　물 수

푸른 산에 흐르는 물이라는 뜻으로, 막힘없이 말을 술술 잘 한다는 말이에요.

온몸에 힘이 쭉 빠진 서당독은 **자포자기** 하듯 털썩 주저앉았어요.

"컹컹, 나 그만할래. 스승님이 주신 간판도 잃어버리고 무슨 면목으로 서당을 열겠어."

"그래. 서당 말고 다른 일을 하면 되지, 뭐. 우리가 도와줄게."

준수가 냉큼 동의했어요. 서당독은 무조건 자기편을 들어주는 준수가 고맙고 든든했어요.

하지만 설리의 생각은 달랐어요.

"서당독, 왜 벌써 포기해? 일단 이 건물에 있는 학원은 다 돌아보자. 버린 건 줄 알고 누가 가져갔을 수도 있잖아. 준수야, 네가 여기 학원을 전부 다니니까 우리를 안내해 주면 어때?"

"그, 그건 별로 좋은 생각이 아니야. 왜냐면… 아! 학원 쌤들이 무지 싫어할걸? 그냥 서당독이 서당을 포기하면 되잖아. '고사성어 서당'이라니 너무 고리타분했어. 간판도 오래돼서 다 갈라지고, 완전 구렸다고!"

준수의 말에 서당독은 귀가 번쩍 뜨였어요.

26

"준수야, 서당 이름은 어떻게 알았어? 말해 준 적 없잖아."

셜리는 어리둥절한 얼굴로 준수를 빤히 쳐다봤어요.

"간판 나무가 오래돼서 갈라진 건 또 어떻게 알았고?"

서당독이 재빨리 준수의 손에 코를 바짝 대보자 희미한 향나무 향이 스치듯 지나갔어요.

"난다, 향나무 냄새!"

준수는 시뻘게진 얼굴로 붕어처럼 입만 뻐금거리더니, 그만 울음을 터트렸어요.

"으앙~ 실은 서당 간판이랑 전단지… 내, 내가 건물 옥상에 숨겼어. 그냥 서당이 안 생겼으면 해서…. 난 이 건물의 학원을 모두 다니잖아. 서당이 생기면 서당까지 다니게 될까 봐 그랬어. 엉엉, 정말 미안해."

서당독은 갑자기 맥이 탁 풀리는 기분이었어요. 친구인 줄 알았던 준수가 범인 찾는 걸 방해하려고 쫓아다닌 것 같아 배신감도 들었지요.

"야! 박준수, 너 어떻게 그럴 수 있어?"

셜리도 준수에게 크게 실망했어요. 하지만 한편으로는 **동병상련**의 기분도 들었지요.

"휴, 근데 난 준수 마음 이해할 것 같아. 얼마나 학원 다니기 싫으면 그랬겠어. 서당독, 준수를 한 번만 용서해 줘."

서당독은 윗입술을 실룩거렸어요. 그런데 준수가 뜻밖의 말을 던졌어요.

"정말 미안해. 어휴~ 근데 나, 들켜서 오히려 다행이야. 어제는 조마조마해서 밥도 못 먹고 잠도 안 왔거든. 앞으로는 절대 남의 것을 훔치지 않을 거야.

동병상련
同病相憐
한가지 동 병 병 서로 상 불쌍히여길 련

같은 병을 앓아 서로를 불쌍하게 여긴다는 뜻으로, 어려운 처지에 있는 사람끼리 서로 가엾게 여기고 돕는 것을 말해요.

서당독! 고마워! 너 정말 멋진 탐정 같았어!"

그날 밤, 서당독은 되찾은 학원 간판을 만지작거리며 깊은 고민에 빠졌어요.

서울에는 학원이 차고 넘치게 많았어요. 서당까지 열지 않아도 될 만큼요.

다음 날, 3층 작은 문 앞에는 붓글씨로 정성스럽게 쓴 새 간판이 붙었어요.

고사성어 탐정 연구소

시작편

새로운 일을 두려워하며 행동하지 않는 것 보다
용기 내어 도전하는 모습은 참 멋져요.
새로운 출발과 관련된 고사성어를 익혀 볼까요?

대기만성 大器晩成

큰 그릇을 만드는 데 시간이 오래 걸린다는 뜻으로, 크게 될 사람은 많은 노력과 시간이 필요하다는 말이에요.

大 큰 대 | 器 그릇 기 | 晩 늦을 만 | 成 이룰 성

기우 杞憂

중국 기나라 사람이 하늘이 무너질까봐 걱정했다는 뜻으로 쓸데없는 걱정을 뜻해요. 안 해도 될 걱정을 하며 한숨만 짓기 보다는 직접 용기를 내서 부딪혀 보는 게 좋겠죠?

杞 나라 이름 기 | 憂 근심 우

살신성인 殺身成仁

자기의 몸을 희생하여 좋은 일을 한다는 뜻으로, 큰 뜻이나 다른 사람을 위해 자신을 희생하는 것을 말해요.

殺 죽일 살 | 身 몸 신 | 成 이룰 성 | 仁 어질 인

새옹지마
塞翁之馬

변방 노인의 말처럼 인생은 좋고 나쁜 것이 계속 바뀌어 예측할 수 없다는 말이에요.

塞 변방 **새** | 翁 늙은이 **옹** | 之 갈 **지** | 馬 말 **마**

유비무환
有備無患

미리 준비하면 걱정할 것이 없다는 뜻이에요.

有 있을 **유** | 備 갖출 **비** | 無 없을 **무** | 患 근심 **환**

선견지명
先見之明

앞을 내다보는 안목이라는 뜻으로, 어떤 일이 일어나기 전에 미래를 예측하는 지혜를 말해요. 현재의 여러 상황을 잘 살피다 보면 훗날을 내다 볼 수 있지요.

先 먼저 **선** | 見 볼 **견** | 之 갈 **지** | 明 밝을 **명**

초지일관
初志一貫

마음을 단단히 먹고 처음 품은 뜻을 끝까지 밀고 나가는 모습을 뜻해요.

初 처음 **초** | 志 뜻 **지** | 一 한 **일** | 貫 꿸 **관**

도전! 고사성어 퀴즈

● **1단계 초성 퀴즈**

1. 풀을 엮어 갚은 은혜라는 뜻으로, 죽어서도 은혜를 잊지 않고 꼭 갚는다는 말이에요.

→ ㄱ ㅊ ㅂ ㅇ

2. 쓸데없는 걱정을 뜻해요.

→ ㄱ ㅇ

3. 같은 병을 앓아 서로를 불쌍하게 여긴다는 뜻으로, 어려운 처지에 있는 사람끼리 서로 가엾게 여기고 돕는다는 말이에요.

→ ㄷ ㅂ ㅇ ㅇ

4. 크게 될 사람은 많은 노력과 시간이 필요하다는 뜻이에요.

→ ㄷ ㄱ ㅁ ㅅ

5. 처음 듣는다는 뜻이에요. 어떤 사실이나 소문을 처음 듣고 놀라는 상황에 자주 사용해요.

→ ㄱ ㅅ ㅇ ㅇ

●● 2 단계 심화 퀴즈

6. 변방 노인의 말처럼 인생은 좋고 나쁜 것이 계속 바뀌어 예측할 수 없다는 뜻의 고사성어는?

○ ○ ○ ○

7. 돌다리도 두드려 보고 건너라는 속담처럼 미리 준비하면 탈이 없다는 뜻의 고사성어는?

① 위풍당당   ② 새옹지마   ③ 권토중래   ④ 유비무환

8. 한바탕의 봄꿈이라는 뜻으로, 인생의 허무함을 비유한 일장춘몽에 해당하는 한자 카드를 찾아 보세요.

一場春夢   初志一貫   大器晚成   先見之明

 **정답**

1. 결초보은   **2.** 기우   **3.** 동병상련   **4.** 대기만성   **5.** 금시초문   **6.** 새옹지마   **7.** ④   **8.** 一場春夢

33

다다다다다!

복도를 뛰어오는 소리가 점점 커지자 서당독 탐정은 귀가 쫑긋했어요. 순간 벌컥 문이 열리더니, 다급한 목소리가 날아들었어요.

"서당독, 개는 귀신을 볼 수 있지?"

셜리였어요. 첫 번째 의뢰인을 기대했던 서당독은 김이 팍 샜어요. 그것도 모르고 셜리는 서당독이 제일 무서워하는 귀신 타령을 해 댔어요.

"난 귀신 본 적 없어. 그런 건 믿지도 않고."

"정말? 그래도 진짜 귀신이 나타나면 볼 수 있지 않을까? 잡을 수도 있고 말이야. 너처럼 똑똑하고 용감한 탐정견이 귀신도 못 잡는다는 건 말도 안 돼."

서당독은 '똑똑하고 용감한 탐정견'이라는 칭찬은 썩 마음에 들었어요.

"다, 당연하지. 그치만 세상에 귀신은 없어!"

"우리 할머니 집에 귀신이 나타난대. 인터넷에도 이 사건으로 떠들썩하고 말이야. 이 미스터리한 사건의 해결사는 서당독, 오직 너뿐이야!"

셜리는 고사성어 탐정 사무소의 첫 번째 의뢰인이었어요.

정신을 차리고 보니 서당독은 제천으로 가는 기차 안이었어요. 셜리는 목소리를 낮추며 할머니 집에 나온다는 귀신 이야기를 털어놓았어요.

"벌써 일 년도 더 됐어. 할머니 집뿐 아니라, 밤마다 마을 여기저기에 귀신이 나온다는 소문이 퍼진게."

동네에는 대나무 숲이 많아서 바람 부는 밤이면 귀신 우는 소리가 들리고 낡은 빈집들 때문에 으스스한 분위기를 풍긴다는 거였어요.

"설마... 진짜 귀신이 나온 건 아니지?"

서당독은 자신도 모르게 몸을 부르르 떨었어요.

"당연하지! 거긴 귀신이 없으니까!"

셜리가 확신에 찬 목소리로 외치자, 서당독은 안심했어요.

"그런데 소문은 점점 더 퍼져서 최근에는 마을에 귀신 체험을 하는 사람들까지 몰려든대. 귀신 테마파크를 짓는다는 말까지 돌고 있어. 이게 다 유령비어 때문이야! 유령비어가 할머니네 마을을 망치고 있어!"

"유령비어가 아니라 **유언비어**야. 아무 근거 없이 널리 퍼진 소문이라는 뜻이지."

유언비어

流言蜚語

흐를 **유** 말씀 **언** 날 **비** 말할 **어**

아무 근거 없이 떠돌아다니는 헛소문을 말해요. 확실하지 않은 소문으로 남을 흉보거나 헐뜯지 말아야 해요.

셜리는 서당독에게 유언비어가 퍼진 결정적인 영상을 보여 줬어요.
화면 속에는 어둠 속에 희뿌연 물체가 휘휘 떠다니고 도깨비불이 번쩍하고 지나가는 모습이 찍혀 있었어요.
"이걸 보고 사람들이 호기심에 마을로 몰려드는 바람에 우리 할머니는 요즘 하루도 마음 편히 지낼 수가 없대."

"유연비어라며? 이건 진짜 귀신 같은데?"

서당독은 **아연실색**하며 자꾸만 떨리는 다리를 부여잡았어요.

어느덧 기차는 제천역에 도착했어요. 서당독은 먼저 내리려는 셜리를 덥석 붙잡았어요.

"셜리야, 넌 귀신 안 무서워?"

"글쎄, 만나 보면 무서운지 어떤지 알겠지."

설리의 당찬 대답에 서당독은 불끈 용기가 났어요.

"그래. '**진인사대천명**'이라고 했어. 이왕 여기까지 온 거, 할 수 있는 건 다 해 보고 운에 맡겨 보자!"

할머니가 계신 곳은 몇 채 안 되는 집이 옹기종기 모여있는 아주 작은 마을이었어요. 하지만 마을 입구에는 '비싸게 땅 삽니다', '땅을 팔고 도시에서 편하게 사세요' 따위의 팻말들이 어지럽게 세워져 있었어요.

"왜 땅을 팔라고 **야단법석**이야?"

서당독이 주위를 두리번거리며 물었어요.

"누가 여기에 리조트를 지으려고 한대. 진짜 귀신 테마파크라도 만들려는 건지…. 하지만 할머니는 집을 팔 생각이 없어. 오랫동안 여기 사셨고, 또 이곳을 무척 좋아하시거든."

할머니네 집은 동네 가장 안쪽에 있었어요. 집 뒤로는 대나무 숲이 우거져 있었지요.

스슥스슥스슥

대나무 숲에서 나는 바람 소리에 서당독의 털이 쭈뼛 섰어요.

"아이고, 내 새끼 왔구먼!"

인기척이 나자 할머니가 나오셨어요. 주름살이 활짝 펴질 만큼 함박웃음을 짓던 할머니는 서당독을 보더니 갑자기 삿대질을 하며 버럭 소리를 질렀어요.

"당신 뭐유? 대체 왜 남의 집에서 얼쩡대는 거여?"

셜리네 할머니는 귀신도 무서워할 것 같은 호랑이 할머니였어요.

야단법석
野壇法席
들야 제터단 법법 자리석

여러 사람이 모여 서로 다투고 떠드는 시끄러운 모습을 뜻해요.

"그 카메라 당장 치우지 못혀?"

그때 당황한 서당독 뒤로 웬 청년이 카메라를 들고 나왔어요. 할머니는 그 청년에게 화를 냈던 거예요. 청년은 힐끔 눈치를 보더니 카메라를 내렸어요.

"전 크리에이터 겁짱이에요. 무서운 체험을 하고 영상으로 찍어서 인터넷에 올리고 있죠. 이 집에 귀신이 나온다는 말을 듣고 체험하러…."

'귀신'이라는 말에 할머니는 빽! 소리 질렀어요.

해가 저물어오자, 서당독은 생각에 잠겼어요.
'할머니 말대로 정말 귀신이 없다면 다행이지만…
왜 이곳에 귀신이 나온다는 소문이 퍼졌을까?'
갑자기 서당독은 결심한 듯 할머니에게 큰 소리로 말했어요.
"할머니, 겁짱에게 할머니 집을 찍게 해주세요.
'**백문이 불여일견**'이라고 영상으로 찍어서 귀신이
없다는 걸 보여주면 그런 뜬소문은 사라질 거예요."

백문이불여일견
百聞 不如一見
일백 **백** 들을 **문**　아닐 **불**　같을 **여**　한 **일**　볼 **견**

백 번 듣는 것보다 한 번 보는 것이 낫다는 뜻으로, 무엇이든 스스로 경험해야 제대로 알 수 있다는 의미예요.

날이 어둑해지자, 서당독과 셜리는 겁짱과 함께 마당에 숨어서 무작정 귀신을 기다렸어요.

"진짜 귀신이 나타나면 좋겠다. 붙잡아서 혼내 주게."

셜리가 허공에 주먹을 휘둘렀어요.

"맞아! 그럼 조회 수 장난 아닐텐데…. 사람들은 실제로 귀신을 보면 **혼비백산**할 거면서 귀신 영상을 보는 건 좋아하거든."

겁짱은 카메라에서 눈을 떼지 않은 채 말했어요.

혼비백산
魂飛魄散
넋 **혼**　날 **비**　넋 **백**　흩을 **산**

넋이 날아가 흩어진다는 뜻으로, 너무 놀라 정신을 잃을 지경인 상태를 말해요.

밤이 깊어오자, 셜리는 꾸벅꾸벅 졸기 시작했어요. 겁짱도 밀려오는 잠을 어쩌지 못하고 **비몽사몽** 눈만 껌벅였어요. 하지만 서당독은 눈을 부릅뜨고 코를 바짝 치켜세웠어요. 귀신이 나타나면 얼른 도망 가려고 다리에 힘도 팍 주었지요.

으-흐흐흐 으-흐흐흐

대나무 숲을 지나는 바람이 귀신 울음소리를 냈어요. 바로 그때 코 끝으로 스산한 기운이 스치더니 펄럭이는 희미한 물체가 카메라에 잡혔어요. 서당독은 화들짝 놀라 깽! 소리쳤어요.

벼락같은 소리에 잠이 깬 셜리도 꽥 소리를 지르자 할머니가 맨발로 뛰어나왔어요.

누가 감히 우리 손녀를 괴롭혀?!

"누구여? 우리 손녀를 괴롭히는 게?"
할머니는 마당 끝에 있는 밤나무로 달려가 우산을 마구 휘둘렀어요. 그러자 나무 위에 소름 끼치게 펄럭이던 허연 물체가 주르륵 떨어졌어요. 겁짱은 식은땀을 줄줄 흘리며 현장을 녹화했어요.

"여러분, 드디어 귀신의 정체가 밝혀지는 순간입니다. 후유, 제가 가까이 가 보겠습니다. 이건… 그냥 하얀 천인데요?"

그때 작은 불빛이 **신출귀몰** 도깨비처럼 쌩하고 들판을 가로질렀어요.

비 몽 사 몽
非夢似夢
아닐 **비**　꿈 **몽**　닮을 **사**　꿈 **몽**

꿈인지 현실인지 구분이 안 되는 정신이 흐릿한 상태를 말해요.

"앗, 도깨비불이다!"
셜리와 겁짱이 동시에 외치자, 서당독이 쏜살같이 몸을 날려 불빛을 덥석 물었어요.

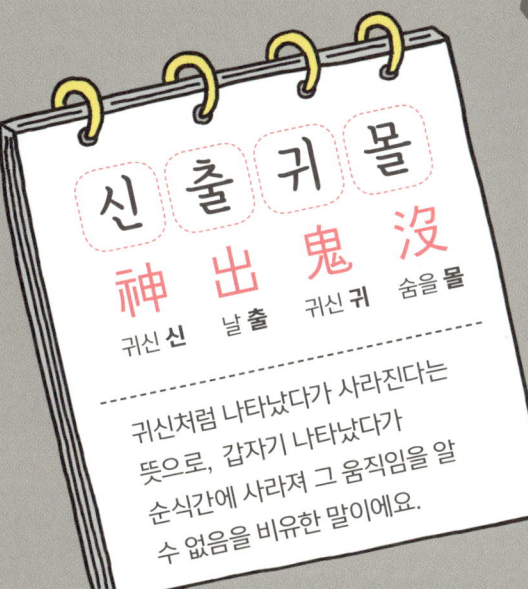

신 출 귀 몰
神出鬼沒
귀신 **신**　날 **출**　귀신 **귀**　숨을 **몰**

귀신처럼 나타났다가 사라진다는 뜻으로, 갑자기 나타났다가 순식간에 사라져 그 움직임을 알 수 없음을 비유한 말이에요.

그런데 어찌된 일인지 도깨비불은 하나도 뜨겁지 않았어요.

"괜찮아? 도깨비불에 홀린 건 아니지?"

셜리와 겁짱은 멍하게 서 있는 서당독에게 달려왔어요.

"뭐야, 이건 그냥 장난감 불이잖아?"

셜리가 가짜 도깨비불을 흔들며 중얼대자 서당독은 앞발을 입에 대고 쉿! 하는 시늉을 했어요.

"근처에서 누군가 일을 꾸미고 있는 것 같아. 조용히 살펴보자."

가짜 도깨비불까지 끄고 나니 주위는 더욱더 컴컴했어요. 서당독 일행은 밤바람에 실려온 희미한 화약 냄새를 따라 **암중모색**에 나섰어요.

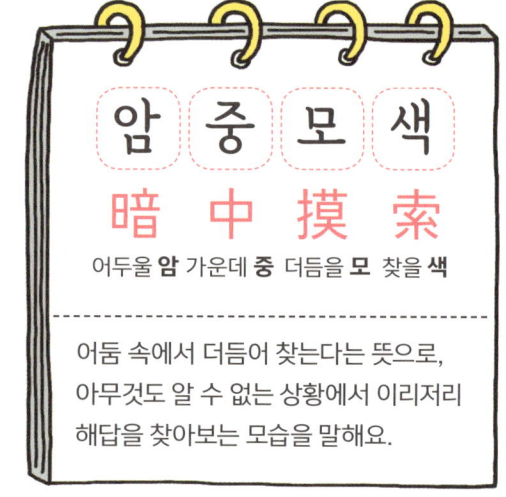

암중모색
暗中摸索
어두울 **암** 가운데 **중** 더듬을 **모** 찾을 **색**

어둠 속에서 더듬어 찾는다는 뜻으로, 아무것도 알 수 없는 상황에서 이리저리 해답을 찾아보는 모습을 말해요.

어디선가 차 엔진 소리와 함께 메케한 냄새가 코를 찔렀어요. 고개를 들자 커다란 스피커와 하얀 옷가지가 널려 있는 수상한 트럭이 보였어요. 주변에는 화약 냄새가 진동했지요.

차 안에는 두 남자가 앉아서 뭔가 **권모술수**를 꾸미는 듯 보였어요.

"아니, 저 트럭은 뭐지?"

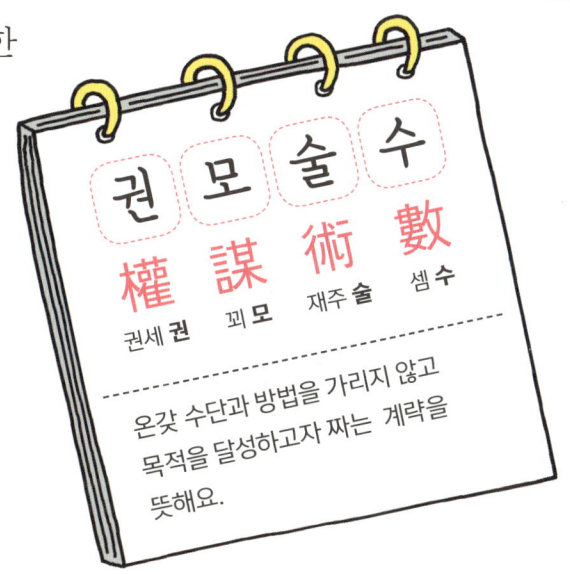

셜리가 나지막하게 속삭였어요. 그 순간 서당독 눈에 트럭에 적힌 낯익은 글자가 들어왔어요. 어두워서 셜리와 겁짱에게는 보이지 않았지만 서당독은 똑똑히 볼 수 있었지요.

효도 부동산 - 시골을 벗어나 도시로 나가고 싶은 분들
Tel: XXX-XXXX

서당독이 낮게 으르렁거렸어요.

"범인은 **사이비** 귀신이야! 저들이 스피커로 귀신 소리를 내고 반짝이 장난감으로 가짜 도깨비불을 만들었던 거야!"

화가 난 셜리는 다짜고짜 트럭으로 달려들려고 했어요. 서당독은 재빨리 셜리의 바짓가랑이를 붙잡았어요.

"안 돼! 지금은 한밤중이고 정체를 알 수 없는 자들한테 달려드는 건 위험해. 일단 지금은 내려가자. 덜미가 잡혔으니 범인 잡는 건 시간 문제야."

사이비 似而非
닮을 **사** 어조사 **이** 아닐 **비**

진짜 같은 가짜라는 뜻이에요. 겉으로 보기에는 비슷한 듯 보이지만 실제로는 아주 다른 것을 말해요.

다음 날 아침, 겁짱의 채널에 파렴치한 자들의 만행이 담긴 영상이 올라왔어요. 겁짱은 그날 밤 서당독의 도움으로 효도 부동산 일당이 만들어 낸 가짜 귀신을 카메라에 모조리 담았지요. 영상을 본 사람들은 크게 화를 냈고, 결국 효도 부동산 일당은 경찰에 붙잡혔어요.

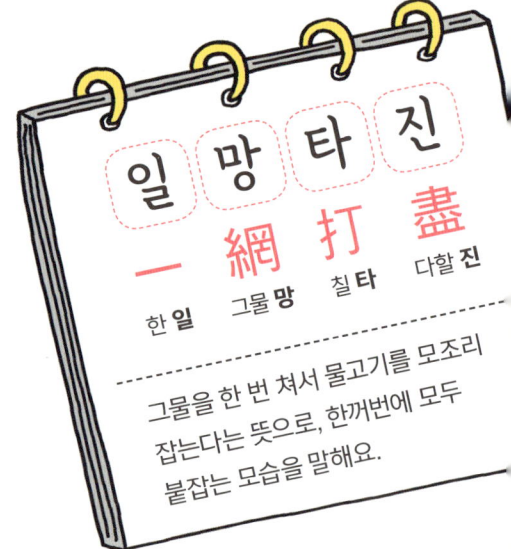

일망타진 一網打盡
한 **일** 그물 **망** 칠 **타** 다할 **진**

그물을 한 번 쳐서 물고기를 모조리 잡는다는 뜻으로, 한꺼번에 모두 붙잡는 모습을 말해요.

〈가짜 귀신 소동〉 일당 일망타진!

귀신은 바로 부동산 사람들이였습니다. 가짜 귀신을 만들어 마을에 흉흉한 소문이 돌게 해서 집값을 떨어뜨리려 했던 거예요.

 범인은 진짜 같은 가짜, 사이비 귀신!

 아, 낚였어~ 잔뜩 기대했는데 진짜가 아니라니… 힝~.

 이런 못된 놈들 같으니! 모두 혼내주세요!

첫 번째 사건을 해결한 서당독 탐정은 더욱 의욕이 넘쳤어요.

"흠흠, 세상의 미스터리한 사건은 모조리 해결해 주겠어. 그러려면 조수가 한 명 필요한데…."

바로 그때 '다다다다' 하고 또 한 번 복도에 요란한 소리가 울리더니 누군가 문을 벌컥 열고 들어왔어요. 혹시 두 번째 의뢰인?

"서당독, 너에게 딱 맞는 모자를 찾았어!"

베레모를 들고 달려온 셜리였어요.

'흠흠, 탐정의 상징 베레모와 조수가 한꺼번에 생기다니… **일석이조**인가?'

서당독과 셜리는 마주 보며 싱긋 웃었어요.

일석이조

一石二鳥
한 **일** · 돌 **석** · 두 **이** · 새 **조**

하나의 돌을 던져 두 마리의 새를 맞춘다는 뜻으로, 한 가지의 일로 두 가지의 이익을 얻는다는 뜻이에요. 일거양득(一擧兩得)과 비슷한 말이지요.

고사성어 탐정 연구소

마음편

사람의 마음을 이해하는 건 쉬운 일이 아니에요.
마음을 표현한 고사성어를 통해 상대의 마음을 이해해 볼까요?

견물생심 見物生心

좋은 물건을 보면 누구나 그것을 가지고 싶은 욕심이 생긴다는 말이에요. 아무리 욕심나는 물건이라도 내 것이 아니라면 탐내지 말고 절제할 줄 알아야 해요.

見 볼 견 | 物 만물 물 | 生 날 생 | 心 마음 심

동상이몽 同床異夢

같은 잠자리에서 서로 다른 꿈을 꾼다는 뜻으로, 겉으로는 같은 생각인 듯하지만 속으로는 각자 다른 생각을 한다는 말이에요.

同 한가지 동 | 床 침상 상 | 異 다를 이 | 夢 꿈 몽

심기일전 心機一轉

지금까지 지녔던 생각과 자세를 가다듬어 완전히 바꾼다는 말이에요.

心 마음 심 | 機 기틀 기 | 一 한 일 | 轉 바꿀 전

단장 斷腸

창자가 끊어진다는 뜻으로, 마음이 몹시 슬픈 상태를 말해요.

斷 끊을 단 | 腸 창자 장

학수고대
鶴首苦待

학의 목처럼 목을 길게 빼고 기다린다는 뜻으로, 무엇인가를 몹시 기다리는 모습이나 마음을 표현한 말이에요.

鶴 학 학 | 首 머리 수 | 苦 쓸 고 | 待 기다릴 대

작심삼일
作心三日

마음먹은 지 사흘을 넘기지 못한다는 뜻으로, 결심한 바가 얼마 되지 않아 흐지부지되는 경우를 말해요.

作 만들 작 | 心 마음 심 | 三 석 삼 | 日 날 일

허심탄회
虛心坦懷

마음을 비우고 생각을 터놓는다는 뜻으로, 거리낌이나 숨김이 없는 마음을 말해요.

虛 빌 허 | 心 마음 심 | 坦 드러낼 탄 | 懷 품을 회

희로애락
喜怒哀樂

기쁨과 화남 슬픔과 즐거움이라는 뜻으로, 사람의 여러 가지 감정을 말해요.

喜 기쁠 희 | 怒 성낼 로 | 哀 슬플 애 | 樂 즐길 락

일편단심
一片丹心

한 조각의 붉은 마음이라는 뜻으로, 한결같이 변함없는 마음을 비유한 말이에요.

一 한 일 | 片 조각 편 | 丹 붉을 단 | 心 마음 심

오매불망
寤寐不忘

자나깨나 잊지 못한다는 뜻으로, 누군가를 잊지 못하고 그리워하는 마음을 말해요.

寤 깰 오 | 寐 잘 매 | 不 아닐 불 | 忘 잊을 망

도전! 고사성어 퀴즈

● 1단계 초성 퀴즈

1. 아무 근거 없이 떠돌아다니는 헛소문을 뜻해요.

→ 유 ○ 비 ○

2. 백 번 듣는 것보다 한 번 보는 것이 낫다는 말로 무엇이든 스스로 경험해야 제대로 알 수 있다는 뜻이에요.

→ 백문이 ㅂㅇㅇㄱ

3. 기쁨과 화남 슬픔과 즐거움이라는 뜻으로, 사람의 여러 가지 감정을 뜻해요.

→ ㅎㄹ애락

4. 진짜 같은 가짜라는 뜻이에요. 겉으로 보기에는 비슷한 듯 보이지만 실제로는 아주 다른 것을 말해요.

→ ㅅㅇ비

5. 마음먹은 지 사흘을 넘기지 못한다는 뜻으로, 결심한 바가 얼마 되지 않아 흐지부지되는 경우를 말해요.

→ ㅈㅅㅅㅇ

●● **2 단계 심화 퀴즈**

6. 하나의 돌을 던져 두 마리의 새를 맞춘다는 뜻으로, 한 가지의 일로 두 가지의 이익을 얻는다는 뜻이에요.

○ ○ ○ ○

7. 다음 중 한 가지 일로 두 가지 이익을 얻는다는 뜻의 <일석이조>와 비슷한 의미를 가진 고사성어는?

① 권모술수   ② 가담항설   ③ 일거양득   ④ 비몽사몽

8. 좋은 물건을 보면 누구나 그것을 갖고 싶은 마음이 생긴다는 뜻의 견물생심에 해당하는 한자 카드를 찾아 보세요.

一片丹心   作心三日   見物生心   深思熟考

정답

1. 유언비어   2. 백문이불여일견   3. 희로애락   4. 사이비   5. 작심삼일   6. 일석이조
7. ③   8. 見物生心

끄억~.

서당독이 입을 쓰윽 문지르자 짜장 국물이 볼때기까지 잔뜩 묻었어요.

"조수, 명탐정에게 꼭 필요한 게 뭔 줄 알아?"

"예리한 관찰력? 뛰어난 추리력? 음… 거침없는 용기?"

"땡! 바로 단골 중국집이야. 멍!"

서당독은 띵호와 반점의 짜장면 맛에 푹 빠졌어요. 얼마 전까지만 해도 백미향 짜장면이 최고인 줄 알았는데 띵호와가 들어선 이후로는 발길이 뜸해졌지요. 그만큼 띵호와 사장님의 요리 솜씨는 **군계일학**이었어요.

다음 날, 다시 띵호와를 찾은 서당독은 '깽' 비명을 질렀어요. 빨간 문에 '임시휴업'이라는 끔찍한 단어가 붙어 있었거든요.

맛나 상가

띵호와 반점

임시휴업

군 계 일 학
群 鷄 一 鶴
무리군 닭계 한일 학학

닭의 무리 중 한 마리 학이라는 뜻으로 평범한 것들 가운데 있는 가장 뛰어난 하나를 말해요.

힘없이 터덜터덜 도착한 탐정 사무실에는 새로운 의뢰인이 서당독을 기다리고 있었어요.

"네가 냄새로 사건을 해결한다는 서당독 탐정이야? 난 왕징징이라고 해."

서당독은 왕징징을 보자 띵호와 반점 사장님이 떠올랐어요. 펑퍼짐한 코가 똑 닮았다고 생각했지요.

"우리 아빠가 머리를 크게 다쳐서 지금 병원에 계셔. 땅콩 알레르기로 쓰러지면서 탁자에 머리를 부딪쳤는데 아직 의식이 없어."

왕징징의 목소리가 떨리기 시작했어요.

"경찰은 이번 일을 단순한 사고라고 했지만 난 믿지 않아. 아빠는 늘 땅콩을 조심하신단 말이야. 누군가 아빠를 일부러 해쳤어!"

왕징징은 닭똥 같은 눈물을 뚝뚝 흘리며 말을 이었어요.

"어제, 그러니까 일요일 저녁이었어. 아빠는 몸살감기가 났는데도 다음 날 재료 준비를 하신다며 기어이 식당에 나가셨지. 밤늦도록 아빠가 오시지 않자 엄마가 식당에 가 봤다가 쓰러져있는 아빠를 발견했어."

서당독은 탐정 수첩을 꺼내며 대뜸 물었어요.

"혹시... 아빠가 띵호와 반점 사장님이셔?"

"오! 맞아."

"식당의 CCTV는 확인해 봤어?"

"우리 식당에는 CCTV가 없어."

CCTV도 목격자도 없어 사건은 점점 **미궁**으로 빠져들었어요.

그때 옆에서 듣고 있던 셜리가 불쑥 말했어요.

"식당과 가까운 다른 가게에 CCTV가 있을 거야. 그 곳 어딘가에 너희 아빠와 마지막으로 만난 사람이 찍혔을 테지."

"좋아. 명탐정은 발로 수사하는 법! 어서 나가서 찾아보자, 멍!"

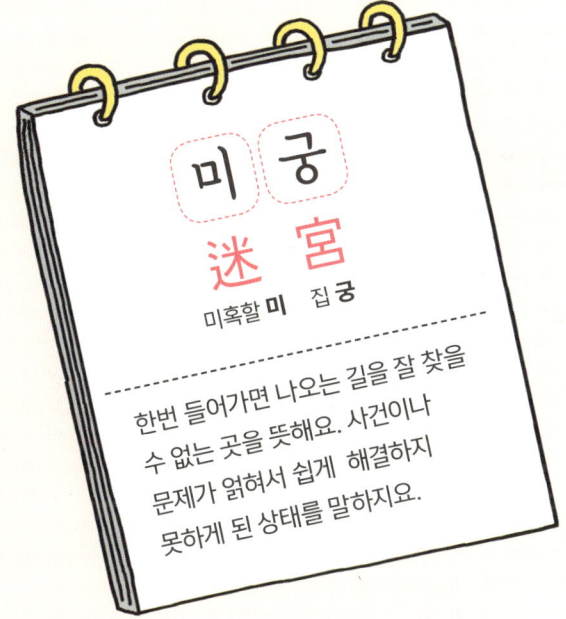

미 궁
迷 宮
미혹할 **미** 집 **궁**

한번 들어가면 나오는 길을 잘 찾을 수 없는 곳을 뜻해요. 사건이나 문제가 얽혀서 쉽게 해결하지 못하게 된 상태를 말하지요.

띵호와 반점 근처에는 CCTV가 딱 두 대 있었어요. 골목 입구의 편의점과 백미향. 그런데 편의점 CCTV는 돌에 맞았는지 깨져 있었고, 백미향 CCTV는 고장이었어요. 셜리는 두 눈을 가늘게 뜨며 말했어요.

"우연치고는 너무 수상해."

서당독은 앞발을 불끈 쥐며 외쳤어요.

"증거는 언제나 현장에 있지! 일단 사건 장소로 가 보자."

서당독 일행은 띵호와 반점으로 출동했어요.

식당 주방에는 밀가루가 어지럽게 흩어져 있었지요.

"이건 어제 경찰이 찍은 사진이야. 한번 볼래?"

서당독은 왕징징이 내민 사진을 자세히 들여다봤어요.

사진 속 왕 사장은 눈썹에 밀가루를 하얗게 뒤집어쓴 채 바닥에 쓰러져 있었어요. 마치 일부러 밀가루를 발라 놓기라도 한 듯 말이에요.

'흐음, 하얀 눈썹이라….'

서당독의 눈빛이 날카롭게 빛났어요.

"가만, 그날 왕 사장님이 만두를 드셨나 봐. 사진 속 만두는 어디 있지?"

왕징징은 서당독에게 평범해 보이는 만두를 내밀며 말했어요.

"자, 여기. 하지만 이 만두 때문은 아니야. 안에 땅콩 같은 건 없었거든."

서당독은 만두에 코를 박고 킁킁거렸어요.

"어? 땅콩 냄새가 나는데?"

셜리도 콧구멍을 벌렁대며 냄새를 맡았어요.

"난 아무 냄새도 안 나."

"내가 개라는 걸 잊지 마. 이건 분명 땅콩 냄새야. 누군가 땅콩이 든 만두를 왕 사장에게 먹인 거라고! 어제저녁 이곳에 누가 왔었는지 알아내야 해."

하지만 범인이 남긴 단서는 그 이상 찾을 수 없었어요. 왕징징이 서당독의 어깨를 툭툭 치며 말했어요.

"얘들아, 난 아빠한테 가 봐야 할 것 같아. 뭔가 실마리가 잡히면 꼭 연락 줘!"

왕징징은 문을 나서며 몇 번을 당부했어요.

꼬륵 꼬륵 꼬르르륵~.

왕징징이 나가자마자 서당독의 배에서 요란한 천둥소리가 울렸어요. 서당독은 셜리의 눈치를 살피며 배를 통통 두드렸어요.

"아~ 이 놈의 배꼽시계! 셜리야, 우리 백미향이라도 갈까? 짜장면 먹게."

"어휴, 명탐정이 아니라 '면탐정' 되겠어. 그래 가자, 사실 나도 배고파."

백미향 앞은 기다랗게 줄을 선 손님들로 북적였어요.

"띵호와가 휴업이라 이 집이 **문전성시**를 이루는구나."

"그러게. 하긴, 그전에는 백미향도 유명했잖아."

별미 상가

문 전 성 시
門 前 成 市
문 문 앞 전 이룰 성 저자 시

문 앞이 장터를 이룬 듯 붐빈다는 뜻으로 찾아오는 이가 너무 많아 문 앞이 사람으로 가득 찼다는 말이에요.

서당독과 셜리는 겨우 자리에 앉았어요.

온종일 사람들이 몰려들었는지 식당에서 일하는 직원들의 얼굴이 푸석푸석해 보였어요. 셜리는 문득 서당독에게 배운 고사성어가 떠올랐어요.

"손님은 무조건 **다다익선**인 줄 알았는데 너무 많아도 피곤한 일인가 봐."

서당독은 단무지를 아작 씹으며 말했어요.

다다익선

多多益善

많을 다 많을 다 더할 익 좋을 선

많으면 많을수록 좋다는 뜻이에요.
나에게 이로운 것, 도움이 되는 것이
많을수록 두루 좋다는 말이지요.

사건이 일어난 화단 바로 앞은 주차장이었어요. 차 두 대를 겨우 댈 수 있는 좁은 공간이었지만, 작은 차 한 대가 두 자리를 차지한 채 삐뚜름히 주차돼 있었지요.

"멍! 바람이 조금만 더 불었다면 물풍선이 차에 떨어질 수도 있었네…."

"아, 이거 우리 앞집 사는 형 차야. 그 형 백수라서 차까지 망가지면 큰일 나. 그 형한테는 **천만다행**이었지."

준수가 구경하는 사람들 너머로 손짓을 했어요.

"형! 이거 형 차 맞죠?"

앞집 형은 준수를 보고는 고개를 끄딱하더니 바쁜 일이 있는 듯 아파트 안으로 쌩 들어갔어요.

천 만 다 행
千 萬 多 幸
일천 **천** 일만 **만** 많을 **다** 다행 **행**

매우 다행한 일이라는 뜻이에요.

"고양이가 아파트 주변을 더럽힌다고 캣대디를 싫어하는 사람들이 많아. 부녀회장 아줌마는 캣대디를 내쫓자고 서명까지 받으러 다녔고. 101호 할아버지는 고양이 밥그릇을 맨날 버려 싸움이 나기도 했어."

"정말? 우리 쌤 너무 불쌍해. 범인을 꼭 찾아 줘."

"캣대디에겐 정말 **청천벽력** 같은 일이겠다. 하지만 걱정 마. 사건이 내게 온 이상 끝까지 물고 늘어진다. 멍!"

서당독과 아이들은 현장으로 달려갔어요. 준수도 큰맘 먹고 수학 학원을 빼먹고 수사에 참여했지요. 사건 현장은 준수네 아파트 화단이었어요. 곳곳에는 고양이 밥그릇이 널브러져 있었어요. 준수가 찢어진 물풍선을 내밀며 말했어요.

"이건 내가 경찰한테 받아왔어. 증거는 중요하니까!"

서당독은 물풍선에 바짝 코를 가져갔어요.

"어? 이건 새우 과자 냄새잖아. 그리고 내 최애 간식, 불나 치킨 냄새도 나."

청천벽력
青天霹靂
푸를 **청**　하늘 **천**　벼락 **벽**　벼락 **력**

맑은 하늘에 날벼락이라는 뜻으로, 갑자기 커다란 사건이 일어났을 때 쓰는 말이에요.

서당독은 이번 사건의 유력한 용의자를 차근차근 추리해 봤어요.

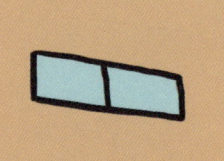

서당독과 셜리는 현장 주변을 서성이며 단서를 잡기 위해 귀를 쫑긋 세웠어요.

"이쪽 라인에서 떨어진 거라죠?"

"네. 경찰 말이 그 정도 상처라면 10층 이상에서 떨어진 거래요."

"어유, 그러니까 왜 고양이 밥을 줘서 그런 변을 당해?"

부녀회장 아줌마가 땍땍거리며 다가오자 서당독이 입을 실룩거렸어요.

"사람이 다치면 걱정해 주는 게 **인지상정**인데, 너무해요, 멍!"

얼굴이 벌겋게 달아오른 부녀회장은 손을 내저였어요.

"어머, 누가 뭐 잘됐다니? 다친 건 안됐지만 고양이 밥 준다고 알짱거리지 않았으면 안 다쳤을 거 아니냐고…."

서당독은 끝까지 매몰차게 말하는 부녀회장을 쏘아보았어요.

인지상정
人之常情
사람 **인**　갈 **지**　항상 **상**　뜻 **정**

사람이라면 누구나 느끼는 보통의 감정을 뜻해요. 어려운 사람을 보면 돕고 싶은 게 인지상정이지요.

소탐대실
小貪大失
작을 **소**　탐낼 **탐**　클 **대**　잃을 **실**

작은 것에 욕심 부리다 오히려 큰 것을 잃는다는 뜻으로, 눈앞의 작은 욕심을 채우려다 큰일을 이루지 못하는 상황에 쓰여요.

오비이락
烏飛梨落
까마귀 **오**　날 **비**　배나무 **이**　떨어질 **락**

까마귀 날자 배 떨어진다는 뜻으로, 아무 상관없는 일이 동시에 일어나 억울하게 의심을 받는 상황을 말해요.

"부녀 회장님은 어디 살아요?"

"나? 여기 12층. 그건 왜 물어?"

"오늘 새벽에는 어디 있었죠?"

"어머, 지금 날 의심하는 거야? 별꼴이다. 똥개 주제에."

서당독은 으르렁거리고 싶은 마음을 꾹 참았어요. 화가 난다고 마구 덤비면 중요한 단서를 놓쳐 **소탐대실**할 수 있으니까요. 그때 셜리가 나섰어요.

"부녀 회장님을 의심하지 않으려고요. 평소 고양이를 싫어하셨고 또 고층에 사시니까 용의자에서 제외하려면 알리바이가 있어야죠."

"나 참, **오비이락**이라더니! 12층 사는 것도 죄야? 난 2박 3일 동안 제주도 여행 갔다가 오늘 아침에 왔어. 생사람 잡지 마!"

셜리는 꼬리가 축 처진 서당독에게 말했어요.

"101호 할아버지도 만나 보자. 그 할아버지 좀 무섭긴 한데…."

할아버지는 예상대로 버럭 소리부터 질렀어요.

"뭐? 우리 집은 1층이라고! 옥상은 늘 문이 잠겨 있는데 내가 그 새벽에 무슨 수로 물풍선을 던졌겠어? 쯧쯧."

똥개가 생사람 잡네!

우리 집은 1층이야!

서당독은 한숨을 푹 내쉬었어요. 아직 제대로 수사도 못 했는데 **설상가상**으로 이제 셜리도 집에 가야 할 시간이 되었어요.

"미안, 내일은 집집마다 들러서 탐문 수사를 해 보자."

아파트 화단에 덜렁 남겨진 서당독은 배도 고프고 쓸쓸했어요. 하지만 이내 주먹을 불끈 쥐었어요.

'이 정도 고난에 굴복한다면 명탐정이 될 수 없지! **고진감래**라 했거늘!'

다음 날, 서당독은 셜리와 함께 아파트 10층부터 20층에 사는 사람들을 모조리 만나 보기로 했어요. 10층에는 노부부가 살고 있었어요.

"그 사람, 참 안됐지. 어제 산책 갔다 오는 길에 사고 난 남자를 보고 우리가 119를 불렀어. 경찰이 CCTV로 확인했지. 쯧쯧, 어쩌다 그런 일이…"

11층은 빈집이었고, 12층은 부녀회장 아줌마의 집이었어요.

13층 벨을 누르자 6학년쯤 돼 보이는 초등학생이 나왔어요.

"너희 혹시 최근에 물풍선 가지고 논 적 있니?"

"설마 우리가 캣대디한테 물풍선을 던졌다고 의심하는 거야?"

6학년 아이가 눈을 부릅뜨며 뾰로통하게 물었어요. 서당독과 셜리는 순간 움찔했어요. 그때 동생이 귀여운 새끼 고양이를 안고 나왔어요.

"우린 고양이를 두 마리나 키워. 우리 엄마는 캣대디 삼촌에게 매달 고양이 사료를 기부하고 있고. 길고양이를 돌보는 데 보태라고 말이야."

14층에는 어제 만났던 준서네 앞집 형이 문틈으로 고개를 내밀었어요.

"낑낑. 형, 우리 잠깐 물 좀 먹고 가도 돼?"

"어? 그, 근데 나 지금 나가 봐야 하는데…."

하지만 서당독의 불쌍한 척하기가 통했는지 14층 형은 마지못해 문을 열어 주었어요.

"물만 마시고 가야 해. 나 PC방 가야 하거든."

서당독은 거실을 휘 둘러보았어요. 벽에는 알록달록 풍선과 장식품이 잔뜩 붙어 있었고 바닥은 엉망으로 어질러져 있었어요.

"집이 좀 그렇지? 엄마가 여행 가셔서 친구들하고 파티했거든. 근데, 너희가 범인을 잡으러 다닌다며? 개랑 어린애가 무슨 수로?"

"**외유내강**이라고 했어. 겉모습만 보고 판단해선 안 돼, 멍!"

발끈한 서당독이 씩씩거렸어요.

"뭐냐, 이 개? 끝에 어려운 말을 하고."

"어리다고 무시하지 마! 서당독은 우리 동네 소문난 탐정이라고! 물 고마워. 우리 이제 그만 가 볼게!"

얼굴이 새빨개진 셜리는 틱틱 거리며 현관문을 나섰어요. 서당독은 발을 조용히 옮기며 셜리의 소매를 잡아끌었어요.

"봤어? 벽에 붙은 하트 풍선들. 캣대디를 다치게 한 풍선도 하트 모양이야."

"헉! 혹시, 범인이 14층 오빠?"

하지만 단순히 집에 풍선이 붙어 있다고 범인이라고 단정 지을 수는 없었어요. 좀 더 결정적인 증거가 필요했지요.

그때, 현관 구석에 있는 쓰레기봉투를 본 서당독의 눈이 번쩍 뜨였어요.

"흠, 저 안에 단서가 있을지도 모르겠군."

서당독은 스르륵 닫히는 현관문에 대고 모기만 한 소리로 말했어요.

"형, 물 잘 마셨어. 그리고 이 쓰레기봉투 우리가 내려가는 길에 버릴게."

서당독과 셜리는 낑낑대며 쓰레기봉투를 아파트 뒤꼍으로 가져갔어요.

"어? 이거 봐 봐!"

쓰레기봉투에는 쓰다 남은 하트 풍선과 함께 새우 과자 봉지 그리고 불나 치킨 상자가 들어 있었어요. 서당독은 캣대디를 다치게 한 풍선에서 났던 냄새가 떠올랐어요.

"흐음, 이보다 더 확실한 증거는 없어. 근데 이건 뭐지?"

서당독은 구겨진 종잇조각들을 펼쳐 봤어요. 밀린 카드 대금을 독촉하는 여러 장의 고지서였지요.

서당독과 셜리의 두 눈이 빛났어요. 둘은 증거물을 챙겨 비닐봉지에 넣고 **천군만마**를 얻은 듯 14층으로 올라갔어요.

천군만마
千軍萬馬
일천 **천** 군사 **군** 일만 **만** 말 **마**

천 명의 군사와 만 마리의 말이라는 뜻으로 엄청나게 큰 군대를 뜻해요. 전쟁터에서 천군만마를 거느린다면 든든하겠죠?

"캣대디를 다치게 한 범인은 바로 형이야!"

"뭐, 뭐라고? 무슨 근거로 내가 범인이라는 거야? 증거라도 있어?"

그러자 서당독은 증거품을 흔들며 조목조목 따졌어요.

"이 하트 모양 풍선은 사건 당일 캣대디가 등에 맞은 풍선과 똑같아. 그리고 캣대디가 맞은 물풍선에서 새우 과자와 불나 치킨 냄새가 났지. 이 모든 게 형 집 쓰레기봉투에서 나온 것과 일치한다고!"

순간 14층 형의 얼굴이 하얗게 변하더니 꺼이꺼이 울기 시작했어요.

"흑흑, 미안해. 캣대디를 다치게 할 생각은 없었어. 돈이 필요한데 차가 망가지면 보험금을 받을 수 있다고 해서…. 난, 그냥 내 차를 겨냥해서 물풍선을 던졌는데 밑에 사람이 있는 줄 몰랐어. 엉엉, 잘못했어."

"속여서 보험료를 받는 것도 범죄야. 지금 울어 봤자 **후회막급**이라고!"

서당독은 14층 형의 뒤통수에 대고 따끔하게 말해 줬어요.

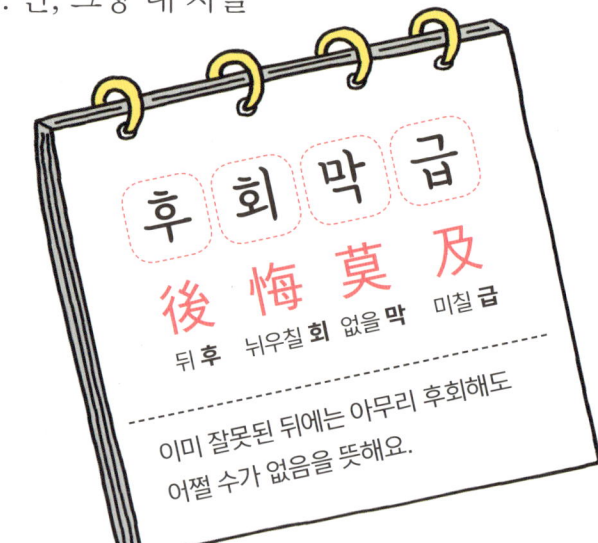

후회막급
後悔莫及
뒤후 뉘우칠회 없을막 미칠급

이미 잘못된 뒤에는 아무리 후회해도 어쩔 수가 없음을 뜻해요.

마부작침
磨斧作針
갈마 도끼부 만들작 바늘침

도끼를 갈아 바늘을 만든다는 뜻으로, 끊임없이 노력하면 성공할 수 있다는 말이에요.

캣대디 사건으로 서당독은 더욱 유명해졌어요. 미궁에 빠진 사건을 해결한 명탐정으로 동네 신문을 장식했지요. 대문짝만 하게 실린 인터뷰 기사를 보며 서당독은 헥헥 웃었어요.

고사성어 탐정 연구소

노력편

성공은 열심히 노력하며 기다리는 사람에게 찾아
온다고 해요. 개미와 베짱이가 생각나지요?
노력과 성공에 대한 고서성어를 익혀 보아요.

등용문
登龍門

용이 되어 하늘로 오른다는 뜻으로 어려운 문을 통과해 성공하는 일을
말해요.

登 오를 등 | 龍 용 용 | 門 문 문

금의환향
錦衣還鄕

비단옷을 입고 고향에 돌아온다는 뜻으로, 크게 성공하여 사람들의 환영을
받으며 고향으로 돌아오는 상황을 말해요.

錦 비단 금 | 衣 옷 의 | 還 돌아올 환 | 鄕 고향 향

괄목상대
刮目相對

눈을 비비고 상대를 다시 볼 만큼 학식이나 재주가 몰라보게 나아졌다는
뜻이에요.

刮 비빌 괄 | 目 눈 목 | 相 서로 상 | 對 대할 대

삼고초려
三顧草廬

유비가 제갈공명을 군사로 들이기 위해 세 번이나 찾아 간 이야기에서 유래한
말로, 뛰어난 인재를 얻으려면 참을성 있게 정성을 다해야 한다는 뜻이에요.

三 석 삼 | 顧 돌아볼 고 | 草 풀 초 | 廬 오두막집 려

개선장군
凱旋將軍

싸움에서 돌아온 장군이라는 뜻으로, 어떤 일에 크게 성공한 사람을 말해요.

凱 이길 개 | 旋 돌아올 선 | 將 장수 장 | 軍 군사 군

입신양명
立身揚名

높은 지위에 오르거나 유명해져 세상에 이름을 알린다는 뜻이에요.

立 설 입 | 身 몸 신 | 揚 날릴 양 | 名 이름 명

타산지석
他山之石

다른 산의 돌이라는 뜻으로, 다른 사람의 하찮은 말이나 실수도 자신에게 커다란 도움이 될 수 있다는 말이에요.

他 다를 타 | 山 메 산 | 之 갈 지 | 石 돌 석

화룡점정
畫龍點睛

용을 그리던 사람이 마지막으로 눈동자를 그려 넣었더니 진짜 살아서 날아갔다는 이야기에서 유래되었어요. 가장 중요한 부분을 완성한다는 말이에요.

畫 그림 화 | 龍 용 룡 | 點 점 점 | 睛 눈동자 정

인과응보
因果應報

원인과 결과는 서로 연결되어 있다는 뜻으로, 자신이 행한 데로 대가를 받게 된다는 말이에요.

因 인할 인 | 果 실과 과 | 應 응할 응 | 報 갚을 보

도전! 고사성어 퀴즈

● 1단계 초성 퀴즈

1. 작은 것에 욕심 부리다 오히려 큰 것을 잃는다는 뜻으로, 눈앞의 작은 욕심을 채우려다 큰일을 이루지 못하는 상황에 쓰여요.

→ ㅅ 탐 ㄷ 실

2. 용이 되어 하늘로 오른다는 뜻으로 어려운 문을 통과해 성공하는 일을 말해요.

→ 등 ㅇ 문

3. 사람이라면 누구나 느끼는 보통의 감정을 뜻하는 말이에요. 어려운 사람을 보면 돕고 싶은 게 ○○○○ 이지요.

→ 인 ㅈ ㅅ 정

4. 쓴 것이 다하면 단 것이 온다는 뜻으로, 힘든 일이 지나면 즐거운 일이 온다는 말이에요.

→ ㄱ ㅈ 감 래

5. 원인과 결과는 서로 연결되어 있다는 뜻으로, 자신이 행한 대로 대가를 받게 된다는 말이에요.

→ ㅇ ㄱ ㅇ ㅂ

●● 2 단계 심화 퀴즈

6. 까마귀 날자 배 떨어진다는 뜻으로, 아무 상관없는 일이 동시에 일어나 억울하게 의심을 받는 상황을 말해요.

○ ○ ○ ○

7. 엎친 데 덮친 격이란 뜻으로 나쁜 일이 연달아 일어난다는 의미를 가진 고사성어는?

① 인지상정   ② 외유내강   ③ 설상가상   ④ 고진감래

8. 다른 사람의 하찮은 말이나 실수도 자신에게 커다란 도움이 될 수 있다는 뜻의 타산지석에 해당하는 한자 카드를 찾아 보세요.

立身揚名   刮目相對   他山之石   愚公移山

 정답

1. 소탐대실   2. 등용문   3. 인지상정   4. 고진감래   5. 인과응보   6. 오비이락
7. ③   8. 他山之石

서당독 입가에 군침이 뚝뚝 흘렀어요.

"현장 학습으로 치즈 체험장이라니, 짱 좋겠다. 치즈도 실컷 먹겠지?"

셜리가 탄 버스를 하염없이 바라보던 서당독은 갑자기 멍 짖었어요.

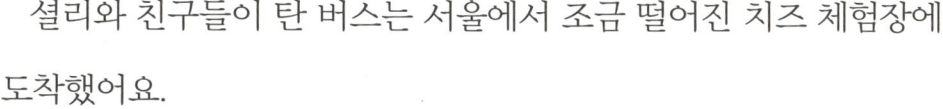
"튼튼한 네 다리가 있는데 어딘들 못 가겠어? 멍!"

셜리와 친구들이 탄 버스는 서울에서 조금 떨어진 치즈 체험장에 도착했어요.

"와! 맛있는 냄새다~."

버스에서 내리자마자 진한 치즈 냄새가 코끝을 간질였어요. 그때, 뒤에서 낯익은 개가 신나게 짖으며 달려왔어요. 누런 털, 커다란 귀, 반짝이는 까만 눈의 서당독이었어요. 서당독은 재잘대는 아이들과 함께 건물 안으로 쏙 들어갔지요.

"끼아아악!"

앞서가던 1반 아이들이 비명을 지르며 뒷걸음질 쳤어요. 그 바람에 바짝 뒤따르던 2반 아이들은 서로 발을 밟고 넘어지고 야단이었어요.

"무슨 일이야? 멍!"

서당독은 용감한 탐정답게 앞으로 나갔어요. 치즈 체험장 문 앞에는 시커먼 시궁쥐 한 마리가 얌전히 누워 있었어요.

"얘들아, 걱정 마. 이미 죽었어. 동물 냄새가 난다 했더니 쥐 냄새였군."

"아니. 이건 사건 냄새야, 서당독!"

셜리의 말이 끝나기가 무섭게 반대쪽 출입문에서도 비명 소리가 났어요.

"4반에서 6반까지는 저쪽 출입문으로 들어간다고 했는데!"

그곳에도 죽은 지 하루쯤 돼 보이는 통통한 들쥐가 널브러져 있었어요.

송이 초등학교 3학년 현장 학습은 **용두사미**로 끝나 버렸어요. 쥐가 나오는 치즈 체험장에서 피자를 만들어 먹고 싶은 사람은 아무도 없을 테니까요. 우르르 몰려왔던 아이들은 다시 우르르 버스를 타고 돌아갔어요.

용두사미
龍頭蛇尾
용용 머리두 뱀사 꼬리미

용의 머리와 뱀의 꼬리라는 뜻으로, 시작은 좋으나 끝은 좋지 못하다는 말이에요.

"흐엉! 난 망했어. 도시에서 시골까지 내려와 **우공이산**의 마음으로 일군 체험장인데…."

치즈 체험장의 홍 사장은 무너지듯 주저앉아 울음을 터뜨렸어요. 서당독과 셜리는 홍 사장에게 다가갔어요.

"멍! 저는 서당독 탐정이에요. 쥐가 어디서 나타난 거죠?"

"엉엉. 나도 몰라요. 누가, 왜 자꾸 죽은 쥐를 갖다 놓는 건지…. 정말 미치겠어요."

홍 사장은 코를 훅 들이마시며 몸서리를 쳤어요.

"체험장에 자꾸 죽은 쥐가 나온다는 소문이 돌면 정말 큰일 나요! 서당독 탐정, 도대체 우리 공장에 무슨 일어나고 있는 걸까요? 누군가 날 망하게 하려고 일부러 이러는 걸까?"

"그 말씀은 저에게 '죽은 쥐 사건'을 의뢰한다는 뜻인가요?"

홍 사장은 눈물이 그렁그렁한 눈으로 고개를 끄덕였어요.

우 공 이 산
愚 公 移 山
어리석을 **우** 어른 **공** 옮길 **이** 메 **산**

우공이 산을 옮긴다는 뜻으로, 어리석어 보이는 일이라도 끊임없이 노력하면 큰일을 이룰 수 있다는 말이에요.

수사 시작! 먹는 것과 관련된 일인 만큼 사건을 빨리 해결해야 했어요. 서당독과 셜리는 따로따로 움직였어요. 서당독은 치즈 체험장 안을 맡았지요. 주방, 체험관, 치즈 숙성실, 화장실까지 샅샅이 살폈어요. 하지만 쥐 냄새는커녕 쥐똥조차 보이지 않았어요.

'쥐가 건물 안에 산다면 분명 쥐똥이 있을 텐데…. 흐음, 그렇다면 쥐는 밖에서 온 거야. 누군가 일부러 갖다 놓았어. 그 사람이 누굴까?'

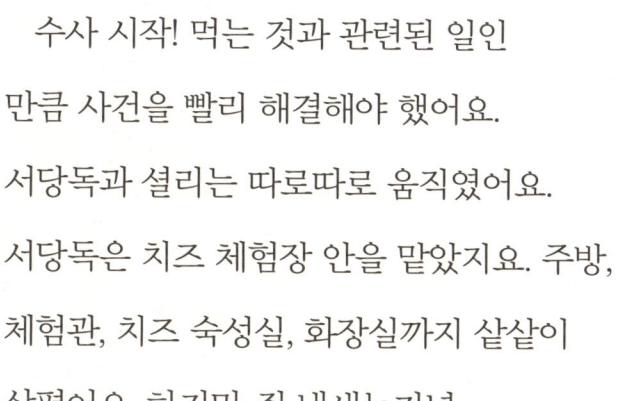

셜리는 체험장에서 일하는 사람들을 만나 보았어요.
사소한 단서라도 놓치지 않기 위해 사람들의 말을
일일이 받아 적었어요.

음~ 송 실장.

셜리의 탐정 수첩

청소 아줌마

청소 탓은 하지 마렴. 하루에 두 번씩 스팀으로 닦으니까. 쥐약이나 쥐덫은 홍 사장이 절대 못 놓게 해. 혹시 야생 동물들이 먹으면 큰일 난다며…. 홍 사장의 동물 사랑이 유난하거든.

체험관 선생님

얼마 전 홍 사장과 송 실장이 큰 소리로 싸우는 걸 봤어. 우유가 문제였지. 송 실장 목장에서 받아 쓰던 우유 맛이 갑자기 변했거든. 그때 체험장이 한 번 망할 뻔 했어. 둘은 죽마고우였는데 대판 싸우고 송 실장이 그만뒀지.

공장 주임

뭐? 원한? 글쎄, 내가 워낙 남 일에 관심이 없어서…

"송 실장이 의심스러워"

"송 실장을 만나보자!"

각자 조사를 마치고 이야기를 나눈 서당독과 셜리가 동시에 외쳤어요.

"역시 우리는 **지음**이야. 마음이 딱 맞잖아."

"절친과 막 싸우는 사람들하곤 완전 다르지!"

서당독과 셜리는 짝! 하고 손뼉을 마주쳤어요. 둘은 송 실장이 운영하는 목장으로 서둘러 걸음을 옮겼어요. 목장은 치즈 체험장에서 그리 멀지 않은 곳에 있었어요.

죽마고우
竹馬故友
대나무 **죽** 말 **마** 옛 **고** 벗 **우**

대나무 말을 타고 놀던 친구라는 뜻으로 어릴 때부터 함께 놀던 오랜 친구를 말해요.

지음
知音
알 **지** 소리 **음**

소리를 안다는 뜻으로 마음이 통하는 친구를 말해요.

"컹컹, 어? 이건 치즈 체험관에서 맡은 쥐 냄새잖아! 송 실장이 쥐를 잡아다 놓은 게 틀림없어!"

농장에 다다르자 서당독이 자신 있게 말했어요. 그러자 셜리가 고개를 가로저었어요.

"송 실장을 만나 보지도 않고 의심부터 하는 거야? 여기랑 치즈 체험장이 가까우니까 근처에 사는 동물도 비슷할 거야."

"지금 내 뛰어난 후각과 명탐정의 직감을 못 믿는 거야?"

서당독은 발끈했어요. 셜리도 기분이 확 상했지요.

"너야말로 나 조수라고 무시해? 탐정이 직감으로 수사하면 어떡하냐? 단서를 따라 논리적으로 추리해야지!"

"쿵!"

"쿵!"

둘은 반쯤 토라진 채 송 실장을 만났어요. 죽은 쥐 사건을 들은 송 실장은 화들짝 놀랐어요.

"치즈 체험장에 죽은 쥐가요? 이런! 혜영이가 많이 놀랐겠군. 이런 시골에는 쥐가 종종 안으로 들어와요. 혜영이는 도시에만 살아 봐서 이럴 때 어떡해야 하는지 잘 모를 거예요."

송 실장은 오히려 친구를 걱정했어요. 하지만 서당독은 송 실장이 거짓말을 한다고 여기며 진짜 범인인 양 마구 캐물었어요.

설리는 거침없이 질문을 던지는 서당독에게 낮은 목소리로 말했어요.

"서당독! 확실한 증거가 나올 때까지 아무도 범인이 아니야. 넌 탐정이면서 그것도 몰라?"

그때 송 실장이 한숨을 푹 쉬더니 느릿느릿 입을 뗐어요.

"혜영이랑 난 어릴 적부터 워낙 친했어요. 그런데 제가 치즈 체험장 일을 돕느라 한동안 목장에 신경을 못 썼어요. 그때 우리 소들이 아파서 우유가 안 좋아졌죠.

지금은 체험장 일을 그만두고 목장에 전념하고 있어요. 혜영이는 계속 도와달라고 했지만, 내겐 목장이 더 중요해요. 그런 얘기를 하다가 목소리가 높아지긴 했지만 싸운 건 아니에요."

"그럼, 어젯밤엔 어디 있었나요?"

송 실장은 어제부터 목장에서 **두문불출**했다며 서당독과 셜리를 외양간으로 데려갔어요.

"바로 저 아이 때문에…"

그곳엔 송아지가 커다란 눈을 끔벅이며 어미젖을 먹고 있었어요.

"저 송아지가 어제 태어났다는 걸 어떻게 증명하죠?"

서당독이 묻자 송 실장은 직접 어미 소의 출산을 돕는 장면이 담긴 영상과 사진을 보여 주었어요. 화면에는 어제 날짜와 함께 새벽 시간이 고스란히 찍혀 있었지요.

두 문 불 출
杜 門 不 出
막을 두 문 문 아닐 불 날 출

문을 막고 나가지 않는다는 뜻으로 집에만 있고 절대 문 밖으로 나가지 않는 모습을 말해요.

서당독과 셜리는 빈손으로 목장을 나왔어요. 내내 삐져 있던 셜리가 입을 열었어요.

"잘못 짚었어. 송 실장님은 범인이 아니야."

범인은 **오리무중**이었어요. 서당독은 힘이 쭉 빠졌지요. 하지만 이대로 포기할 순 없었어요.

오 리 무 중
五 里 霧 中
다섯 오 마을 리 안개 무 가운데 중

5리나 되는 짙은 안개 속이라는 뜻으로, 어떤 일에 대해 전혀 갈피를 잡을 수 없는 상황을 말해요.

날이 저물고 캄캄한 밤이 되었어요. 서당독과 셜리는 대충 저녁을 해결하고 공장 안에서 잠복근무를 시작했어요. 서당독은 너무 졸려서 꾸벅꾸벅 졸다가도 벌떡 일어나서 주변을 휘젓고 다녔어요. 창고 옆에서 깜빡 잠이 들었던 그때였어요.

"깨갱 깽깽 깨갱갱."

서당독 눈에 불이 번쩍했어요. 뒤돌아보니 새끼 고양이들이 꼬리를 꽉 깨물고 있지 않겠어요?

그때 조금 떨어진 나무 둥치에서 어미 고양이가 사뿐사뿐 달려왔어요.

"괜찮냐옹? 요즘 우리 애들이 움직이는 것만 보면 달려든다옹."

"엄마, 이 개 아저씨 누구야옹?"

서당독은 아픈 꼬리를 살살 핥으면서 슬쩍 탐정 모자와 망토를 만지작거렸어요.

"글쎄, 이 동네 개는 아닌 것 같고… 똥개인가?"

서당독은 얼굴이 붉으락푸르락 달아올랐어요. 서당독은 냉큼 고양이 가족에게 다가가 멍! 짖었어요.

"큼큼, 난 서당독 탐정이에요, 똥개가 아니라! 지금 치즈 체험장에서 발생한 '죽은 쥐 사건'을 수사 중이라고요. 멍!"

"죽은 쥐 사건이라고? 음… 혹시 통통하고 먹음직스러운 시궁쥐, 윤기가 좔좔 흐르는 들쥐?"

"맞아요, 혹시 그 쥐에 대해서 아는 거라도 있어요?"

어미 고양이는 우아하게 주저앉더니 앞발을 핥기 시작했어요.

"그거 우리가 선물한 건데?"

다음 날, 서당독은 홍 사장과 송 실장을 불러 사건의 전말을 밝혀 주었어요.

"휴, 이번 사건은 고양이 가족의 소행이었어요. 하지만 나쁜 뜻은 아니었대요. 고양이는 좋아하는 사람에게 죽은 쥐나 새를 선물해요. 지난 겨울에 홍 사장님이 고양이 가족을 돌봐 주셔서, 선물로 드린 거래요."

그러자 홍 사장은 한동안 입을 다물지 못하더니 한숨을 푹 내쉬었어요.

"고양이들아, 선물은 고마워. 하지만 이젠 그만 줘도 돼. 지금까지 준 것만으로도 충분하거든."

고양이 가족은 꼬리를 살랑살랑 흔들며 유유히 사라졌어요. 홍 사장과 송 실장은 서로를 바라보며 허탈하게 웃었어요.

집으로 돌아가는 길에 서당독과 셜리는 서로의 마음을 털어놓았어요.

"셜리야, 오늘 내가 네 생각을 무시하고 막무가내였어. 정말 미안해."

"서당독, 너는 훌륭한 탐정이야. 이번 사건도 네가 고양이 말을 알아 들어서 잘 해결했잖아."

둘은 언제 다퉜냐는 듯 **수어지교**로 돌아왔지요.

수 어 지 교
水 魚 之 交
물 수   물고기 어   갈 지   사귈 교

물과 물고기의 사귐이라는 뜻으로, 아주 친밀하여 서로 떨어질 수 없는 사이를 말해요.

고사성어 탐정 연구소

사람편

우리는 세상을 살아가면서 다양한 사람들을 만나게 돼요.
자신감을 갖고 마음을 활짝 열면
모두 좋은 친구가 될 수 있어요.

낭중지추
囊中之錐

주머니 속에 송곳이라는 뜻으로, 뛰어난 재능을 가진 사람은 반드시 눈에 띈다는 말이에요.

囊 주머니 낭 | 中 가운데 중 | 之 갈 지 | 錐 송곳 추

배은망덕
背恩忘德

남에게 입은 은혜를 잊고 배신한다는 뜻으로, 은혜에 대한 보답은커녕 원수로 갚는 사람을 말해요.

背 배반할 배 | 恩 은혜 은 | 忘 잊을 망 | 德 덕 덕

백면서생
白面書生

희고 고운 얼굴에 글만 읽는 사람이라는 뜻으로, 세상일에 경험이 없는 사람을 말해요.

白 흰 백 | 面 낯 면 | 書 글 서 | 生 날 생

각주구검
刻舟求劍

칼을 강물에 떨어뜨리자 뱃전에 표시를 해두어 나중에 칼을 찾으려 했다는 옛 이야기에서 유래했어요. 융통성 없고 어리석은 사람을 일컬어 쓰는 말이에요.

刻 새길 **각** | 舟 배 **주** | 求 구할 **구** | 劍 칼 **검**

우이독경
牛耳讀經

쇠 귀에 경 읽기라는 뜻으로, 아무리 가르쳐도 알아듣지 못하는 사람에게 하는 말이에요.

牛 소 **우** | 耳 귀 **이** | 讀 읽을 **독** | 經 글 **경**

측은지심
惻隱之心

남의 불행을 불쌍히 여기는 마음을 뜻해요. 남을 생각하는 이타적인 사람은 측은지심을 가지고 있어요.

惻 슬퍼할 **측** | 隱 근심할 **은** | 之 갈 **지** | 心 마음 **심**

우유부단
優柔不斷

어물어물하기만 하고 결정적인 판단을 하지 못한다는 말이에요. 다른 사람의 의견에 이리저리 휩쓸려 결정을 못 내리는 사람을 뜻해요.

優 넉넉할 **우** | 柔 부드러울 **유** | 不 아닐 **부** | 斷 끊을 **단**

〈도전! 고사성어 퀴즈〉

● **1단계 초성 퀴즈**

1. 용의 머리와 뱀의 꼬리라는 뜻으로, 시작은 좋으나 끝은 좋지 못하다는 말이에요.

→ ㅇ 두 ㅅ ㅁ

2. 남에게 입은 은혜를 잊고 배신한다는 뜻으로, 은혜에 대한 보답은커녕 원수로 갚는 사람을 말해요.

→ ㅂ ㅇ 망 덕

3. 5리나 되는 짙은 안갯속이라는 뜻으로, 어떤 일에 대해 전혀 갈피를 잡을 수 없는 상황을 말해요.

→ 오 리 ㅁ ㅈ

4. 다른 사람의 의견에 이리저리 휩쓸려 결정을 내리지 못하는 사람을 말해요.

→ 우 유 ○ ○

5. 쇠 귀에 경 읽기라는 뜻으로, 아무리 가르쳐도 알아듣지 못하는 사람에게 하는 말이에요.

→ ㅇ ㅇ ㄷ ㄱ

● ● 2 단계 심화 퀴즈

6.

물과 물고기의 사귐이라는 뜻으로, 아주 친밀하여 서로 떨어질 수 없는 사이를 말해요.

○ ○ ○ ○

7.

입은 은혜가 뼈에 새길 만큼 크다는 뜻으로, 잊을 수 없는 고마움을 표현할 때 사용하는 고사성어는?

① 죽마고우　② 각골난망　③ 설상가상　④ 우공이산

8.

대나무 말을 타고 놀던 친구라는 뜻으로, 어릴 때부터 함께 놀던 오랜 친구를 이르는 죽마고우를 나타낸 한자 카드를 찾아 보세요.

優柔不斷　　竹馬故友　　表裏不同　　白面書生

정답

1. 용두사미　2. 배은망덕　3. 오리무중　4. 우유부단　5. 우이독경　6. 수어지교
7. ②　8. 竹馬故友

6 개똥 테러 사건

단.서.는. 호시탐탐(虎視眈眈)

탐정으로 유명세를 탄 서당독은 송이 초등학교의 명예 보안관이 되었어요. 아이들은 매주 금요일마다 학교에 출근하는 서당독 보안관을 무척 좋아했어요.

월요일 아침, 전교에서 늘 1등으로 오는 기찬이가 다람관 앞에서 울상을 지었어요.

"히잉, 월요일부터 재수 없게 개똥 밟았어!"

기찬이는 사람들이 없는 틈을 타 화단 안쪽에 있는 바위에 신발 바닥을 쓱쓱 닦았어요. 그런데 그 다음주 월요일, 학교에 개똥이 또 나왔어요.

녹색 어머니실 앞에서 소희가 개똥을 밟은 거예요. 체육 선생님은 장애인 전용 엘리베이터를 몰래 타다 개똥을 밟았고요.

"뭐라고요? 학교가 온통 개똥 천지라고요?"

놀라서 뛰어나오던 교감 선생님은 복도에서 개똥을 밟고 주르륵 미끄러졌어요. 그 순간 교감 선생님의 머릿속에 떠오르는 생각은 오직 하나뿐이었어요.

서당독은 느닷없이 교감실에 불려 갔어요.

"네? 제가 학교에 똥을 쌌다고요?"

"지금 학교에 개똥 천지인데 그럼 누가 그랬겠어요. 아무리 급해도 화장실에서 볼일 보는 건 기본이라고요!"

"제가 개라는 이유만으로 개똥이 제 것이라고 하시면 정말 억울합니다. 철저하게 조사를 해서…."

황당한 표정을 짓는 서당독에게 교감 선생님은 냉정하게 말했어요.

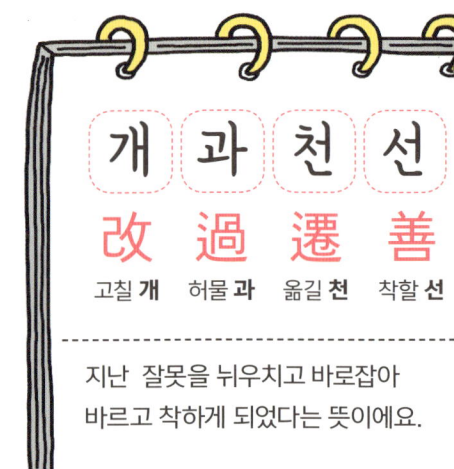

개 과 천 선
改 過 遷 善
고칠 **개**   허물 **과**   옮길 **천**   착할 **선**

지난 잘못을 뉘우치고 바로잡아 바르고 착하게 되었다는 뜻이에요.

"서당독 탐정이 금요일마다 학교에 오고, 월요일이면 학교가 온통 개똥 천지가 되는데, 이쯤 되면 불 보듯 뻔한 일 아니겠어요? 긴말할 것 없어요. **개과천선**하기 전까지 학교에는 발도 들여놓지 마세요!"

서당독은 너무 억울하고 황당해서 숨이 턱턱 막혔어요.

마음 같아선 지금 당장 진짜 범인을 찾아 나서고 싶었어요. 하지만 학교 출입조차 못 하게 돼 **속수무책**이었지요.

서당독이 학교에 똥을 싸는 바람에 명예 보안관에서 쫓겨났다는 소문은 금세 퍼졌어요. 하루아침에 보안관에서 똥개가 된 서당독은 무척 자존심이 상했어요. 셜리는 탐정 사무실에 콕 틀어박혀 있는 서당독을 찾아갔어요.

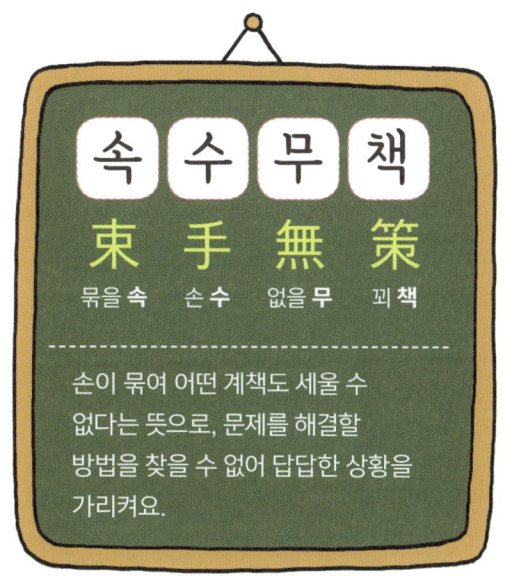

"정말 아니야, 난 학교에 똥 안 쌌어!"

"당연하지! 네가 그런 짓을 할리가 없잖아. 걱정 마. 네 억울함은 내가 꼭 밝혀 줄게!"

셜리는 서당독을 대신해 진짜 범인을 찾기 시작했어요. 먼저, 목격자를 찾기 위해 '개똥 사건'을 수사 중이라는 소문을 퍼트렸지요. 아니나 다를까 바로 다음 날 기찬이가 쪼르르 달려왔어요.

"다람관 앞에도 개똥이 있었어. 지난 주에 내가 밟았어."

"알려 줘서 고마워. 어쩌면 누군가 서당독을 모함하려고 일부러 개똥을 놔뒀을지 몰라."

하지만 기찬이는 입을 삐죽 내밀었어요.

"진짜로 서당독이 똥을 쌌을 수도 있지. 금요일에 우리가 모두 집에 간 뒤, 아무도 없으니까 슬쩍 말이야."

"야, 김기찬! 너는 보는 사람이 없으면 막 아무 데나 똥 싸냐?"

셜리가 버럭 소리쳤어요. 기찬이는 기가 찬다는 듯 셜리를 노려봤어요.

"아니거든! 뭐래, 진짜!"

"서당독도 마찬가지지. 지금 개라고 깔보는 거야?"

"네가 서당독 대변인이냐? 똥개와 대변인이라니, 환상의 짝꿍이다!"

셜리는 홱 가 버리는 기찬이를 노려보며 한참을 씩씩거렸어요.

셜리는 콧김을 푹 내쉬고는 사건 수첩을 파락 펼쳤어요.

송이초 개똥 💩 테러 사건

💩 용의자로 서당독이 지목됨 — 으! 열받아.
- 이유: ① 개다
  ② 금요일에 학교에 있었다

💩 개똥이 처음 발견된 곳
- **지난주 월요일** : 다람관 앞
- **발견한 사람** : 김기찬
- 신발에 묻은 똥을 화단에 닦고 비밀로 했음(우웩!)

- **이번 주 월요일**
  ① 녹색 어머니실 앞
  ② 장애인용 엘리베이터 앞
  ③ 교감실 옆 복도

💩 개똥은 모두 화장실 가까운 곳에서 발견됨
💩 급해서 실수한 것은 아닌 듯
💩 과학 수사가 필요함
　CCTV 를 확인할 것 / 똥의 DNA 를 확인할 것

셜리는 교감 선생님께 CCTV 확인을 요청했어요.

"개똥이 발견되었으니 개가 한 짓이지 뭘 CCTV까지 본다는 거야?"

교감 선생님은 단칼에 거절했어요. 하지만 셜리도 순순히 물러서지 않았어요.

"서당독은 범인이 아니에요. CCTV를 안 보여 주시면 경찰에 정식으로 수사를 요청하겠어요!"

교감 선생님은 학교에 경찰이 출동하는 꼴은 볼 수 없었는지 겨우 허락했어요. 하지만 안타깝게도 범죄 현장은 녹화되지 않았어요. 범인은 학교 CCTV의 위치를 잘 알고 있는 듯했어요.

'역시 개똥 DNA를 확인해 볼 수밖에 없겠어!'

번거롭지만 가장 확실한 방법이었어요.

셜리는 보안관 쌤에게 결정적 증거물인 개똥을 요청했어요.

 개똥은 다 어디 있어요? 교감 쌤이 보안관 쌤에게 치우라고 했다던데….

 당연히 버렸지.

 네? 어디에요?

 똥을 화장실에 버리지, 어디에다 버리겠냐?

 어디 남은 똥은 없을까요?

 글쎄다. 아마 벌써 하수 처리장으로 들어갔을 게다.

관 포 지 교
管 鮑 之 交
피리 **관** 절인고기 **포** 갈 **지** 사귈 **교**

관중과 포숙아의 사귐이란 뜻으로, 친구 사이의 두터운 우정을 말해요.

서당독의 누명을 벗길 방법이 영영 사라지고 말았어요. 셜리는 어깨가 축 처진 채 학교를 나섰어요. 탐정 사무소 창가에 앉아 학교 정문만 멍하니 바라보던 서당독은 마침내 셜리가 보이자 단숨에 달려 나왔지요.

"헥헥, 어떻게 됐어?"

셜리는 서당독의 눈길을 슬쩍 피하며 웅얼거렸어요.

"으응, 결정적 증거가 없어졌어. 개똥을 분석하면 네 똥인지 아닌지 알 수 있을 텐데 벌써 화장실에 다 버렸대…."

"휴~ 어쩔 수 없지, 뭐…. 너만 날 믿어 주면 돼."

"난 언제나 네 편이야. 우리는 **관포지교**잖아."

서당독은 **일취월장**하는 셜리의 고사성어 실력에 엷은 미소를 지었어요. 셜리는 말없이 축 처진 서당독의 꼬리를 보니 더 속이 상했어요.

일 취 월 장
日 就 月 將
날 **일** 나아갈 **취** 달 **월** 나아갈 **장**

나날이 성장한다는 뜻으로 어떤 일이 꾸준히 발전해 가는 상황을 말해요.

그날 밤, 셜리는 사건 생각에 잠을 이룰 수 없었어요.

'이대로 사건을 포기해야 하나? 아니야, 서당독 탐정이라면 끝까지 물고 늘어졌을 거야.'

셜리는 다시 한번 사건 수첩을 보고, 또 보며 꼼꼼히 살폈어요. 그 순간 셜리의 눈이 번쩍 뜨였어요.

지난 주 월요일: 다람관 앞
발견한 사람: 김기찬
신발에 묻은 똥을 화단에 닦고 비밀로 했음.

맞다! 기찬이가 자기가 밟은 똥을 화단 바위에 닦았다고 했지!

드디어 사건의 열쇠를 찾았어요.

다음 날 아침, 설리는 교감 선생님과 함께 다람관 화단으로 들어갔어요.
교감 선생님은 연신 손부채질을 했어요.

"어휴, 이 똥 냄새는…."

"기찬이가 밟은 똥이에요. 우리 학교에서 첫 번째로 발견된 개똥이죠."

설리는 준비해 간 집게로 바위에 달라붙은 똥을 긁어서 비닐 팩에 넣었어요.

사 필 귀 정
事 必 歸 正
일 **사**   반드시 **필**   돌아갈 **귀**   바를 **정**

무슨 일이든 반드시 옳은 이치대로 돌아간다는 뜻이에요.

"이 똥을 유전자 검사실에 보낼 거예요. 서당독의 똥인지 알아보려고요."

"서당독이 우리 학교 보안관으로 일하는 것도 아니고 앞으로 학교에만 안 들어오면 되는데 꼭 이렇게까지 해야 하니?"

"당연하죠! 이건 서당독의 명예가 걸린 일이에요. **사필귀정**이라죠? 서당독이 급하면 아무 데나 똥을 싼다는 누명을 꼭 벗기고 말 거예요!"

일 년 같은 일주일 뒤, 유전자 검사 결과가 나왔어요. 셜리는 서당독과 학교에 가서 당당하게 교감 선생님을 만났어요.

"검사 결과, 화단의 똥이 서당독의 것일 가능성은 0.001%래요. 그야말로 **조족지혈**만큼의 확률이죠."

셜리가 검사표를 내밀자 교감 선생님은 두 손으로 얼굴을 감쌌어요.

"어머나! 미안해요. 개똥만 보고 개 탐정을 의심하다니 제가 **경거망동**했어요. 서당독 탐정… 혹시 괜찮다면 다시 우리 학교 명예 보안관이 되어 주시겠어요?"

교감 선생님은 허리를 굽혀 정중히 사과했어요.

"사과는 받겠지만 그보다 이 사건의 진짜 범인을 밝히고 싶어요. 멍!"

서당독은 화단으로 달려가 이제 얼마 남지 않은 개똥을 탐색했어요.

"똥에 꼬불꼬불한 갈색 털이 묻어 있어. 이건 푸들의 것이야. 쿵쿵, 이 똥 냄새를 기억했다가 꼭 범인을 찾고 말 테야!"

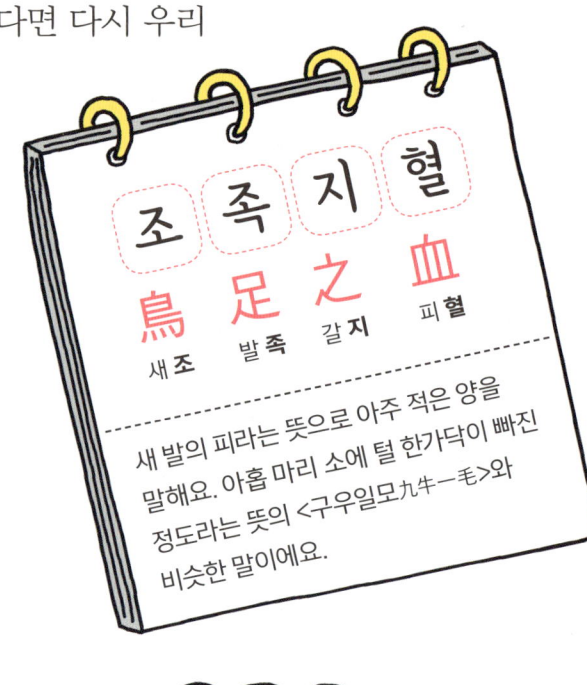

조족지혈
鳥足之血
새 조 발 족 갈 지 피 혈

새 발의 피라는 뜻으로 아주 적은 양을 말해요. 아홉 마리 소에 털 한가닥이 빠진 정도라는 뜻의 <구우일모九牛一毛>와 비슷한 말이에요.

경거망동
輕擧妄動
가벼울 **경** 들 **거** 망령될 **망** 움직일 **동**

가볍게 행동한다는 뜻으로, 깊이 생각하지 않고 함부로 하는 행동을 말해요. 중요한 순간에는 경거망동 하면 안 되겠죠?

위풍당당
威風堂堂
위엄 **위** 바람 **풍** 당당할 **당** 당당할 **당**

겉모습이 위엄이 있고 당당하다는 뜻으로 자신감이 넘치는 모습을 말해요.

서당독과 셜리는 **위풍당당** 교문을 나서며 보안관과 인사를 했어요.

"나는 서당독이 범인이 아닐 거라 믿었어. 암, 그렇고말고!"

서당독은 상냥하게 손을 흔드는 보안관에게 꼬리를 흔들었어요. 그 순간 보안관실 창문 너머로 작은 사진이 눈에 들어왔어요. 보안관이 갈색 푸들과 함께 찍은 사진이었어요.

서당독은 직감적으로 보안관에게 달려가 코를 벌름거렸어요.

"킁킁, 보안관 쌤 손에서 화단에 있던 푸들 똥 냄새가 나!"

그러고 보니 보안관의 셔츠에 꼬불꼬불한 갈색 털이 잔뜩 묻어 있었어요.

"범인은 보안관 쌤의 개야. 틀림없어!"

그 순간 얼굴이 파랗게 질린 보안관은 교문 밖으로 달아났어요. 하지만 한발 빠른 서당독이 바짓단을 잡아끌며 으르렁댔어요. 셜리가 매섭게 물었어요.

"서당독 말이 맞나요? 보안관 쌤의 개가 학교에 와서 똥을 쌌어요?"

다리에 힘이 풀린 보안관은 털썩 주저앉더니, 고개를 떨구었어요.

"미안하구나. 실은 내가 우리 집 개의 똥을 학교에 몰래 놔뒀어…"

"**교언영색**이라더니, 사람 좋은 얼굴을 하고는 왜 그런 짓을 했죠?"

서당독이 분통을 터트렸어요.

"아이들이 교감 선생님께 서당독을 보안관으로 써 달라고 졸라서 난 서당독이 학교 보안관 자리를 **호시탐탐** 노리는 줄 알았어."

보안관은 울먹이기 시작했어요.

"난 학교 보안관 일이 정말 좋거든.

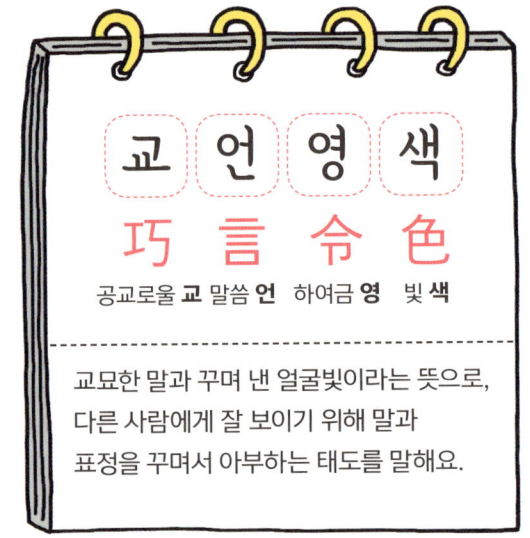

교언영색
巧言令色
공교로울 교　말씀 언　하여금 영　빛 색

교묘한 말과 꾸며 낸 얼굴빛이라는 뜻으로, 다른 사람에게 잘 보이기 위해 말과 표정을 꾸며서 아부하는 태도를 말해요.

호시탐탐
虎視眈眈
범호 볼시 노려볼탐 노려볼탐

호랑이가 먹이를 노린다는 뜻으로 어떤 일을 지켜보면서 나에게 알맞은 기회를 노린다는 말이에요.

그런데 개한테 뺏길 수도 있다고 생각하니까 너무 한심하고, 내가 개만도 못한가 싶어서…. 미안하다. 정말 잘못했어."

서당독은 한숨을 푹 쉬었어요.

"보안관 쌤, 나는 탐정 일을 정말 좋아해요. 학교 보안관이 될 생각은 전혀 없다고요. 멍!"

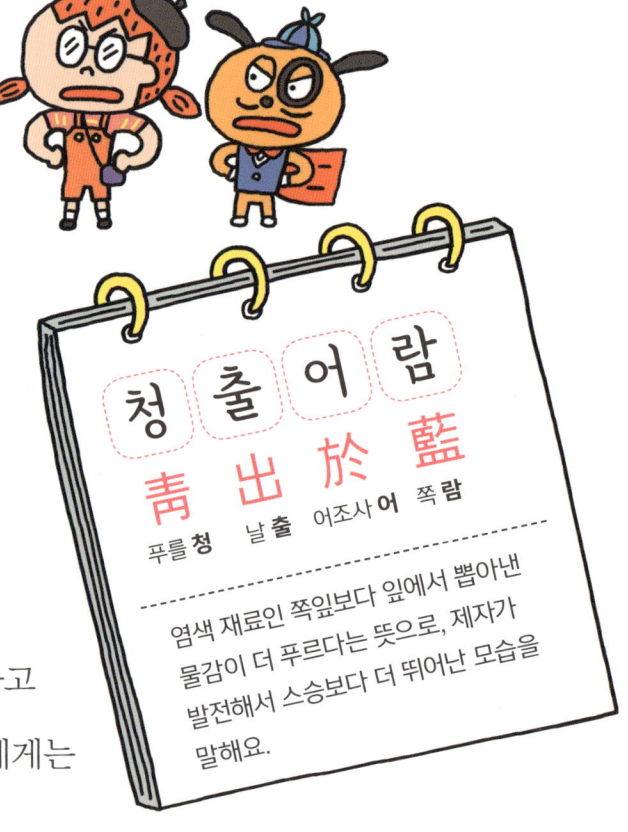

청출어람
靑出於於藍
푸를 **청**　날 **출**　어조사 **어**　쪽 **람**

염색 재료인 쪽잎보다 잎에서 뽑아낸 물감이 더 푸르다는 뜻으로, 제자가 발전해서 스승보다 더 뛰어난 모습을 말해요.

　보안관은 두 손으로 얼굴을 감싸 쥐었어요. 범인을 잡았지만 셜리와 서당독의 마음은 편치 않았어요.

　둘은 교감 선생님께 가서 보안관이 계속 학교에서 일할 수 있도록 해 달라고 부탁했어요. 진심으로 뉘우치는 사람에게는 한 번 더 기회를 줘야 하니까요.

　서당독과 셜리는 탐정 사무소로 돌아왔어요. 둘이서 사건 해결을 축하하는 작은 파티를 열었지요. 케이크에 촛불을 붙이며 셜리가 말했어요.

　"서당독 탐정! 누명도 벗었으니 앞으로 더 멋지게 활약해!"

　"셜리 탐정! 앞으로 우리 둘이 함께 활약하자, 멍!"

　셜리의 두 눈이 똥그래졌어요. 서당독은 탐정의 상징 베레모를 꺼냈어요.

　"전부터 준비하고 있었는데 이번 일을 계기로 확신이 들었지. 이제부터 넌 조수가 아닌 진짜 탐정이야! **청출어람**이란 말은 네가 더 어울려. 멍!"

서당독과 나란히 베레모를 쓴 셜리는 촛불을 힘차게 불었어요.
내일은 또 어떤 사건이 탐정들을 기다리고 있을까요?

고사성어 탐정 연구소

성공편

꿈은 하루 아침에 이루어지지 않아요.
고난과 역경을 극복해야 진정한 꿈을 이룰 수 있지요.
성공과 관련된 고사성어를 익혀 보세요.

와신상담 臥薪嘗膽

섶에 누워 쓸개를 맛본다는 뜻으로, 목표를 이루기 위해 온갖 고통을 참고 이겨 내는 모습을 표현한 말이에요.

臥 누울 와 | 薪 섶 신 | 嘗 맛볼 상 | 膽 쓸개 담

전화위복 轉禍爲福

화가 바뀌어 복이 된다는 뜻으로, 불행한 일이 닥쳐도 노력하면 좋은 결과를 가져올 수 있다는 말이에요.

轉 바꿀 전 | 禍 재앙 화 | 爲 할 위 | 福 복 복

자수성가 自手成家

누구의 도움 없이 스스로의 힘으로 큰 성공을 이룬다는 말이에요.

自 스스로 자 | 手 손 수 | 成 이룰 성 | 家 집 가

지피지기
知彼知己

적을 알고 나를 알아야 한다는 뜻이에요. 나와 상대방의 강점과 약점을 잘 알아야 승리할 수 있겠지요?

知 알 지 | 彼 저 피 | 知 알 지 | 己 몸 기

형설지공
螢雪之功

반딧불이를 잡아 그 불빛으로 공부해 이룬 성공이란 뜻으로, 힘든 상황에서도 열심히 공부하는 모습을 말해요.

螢 개똥벌레 형 | 雪 눈 설 | 之 갈 지 | 功 공 공

사생결단
死生決斷

죽고 사는 것을 가리지 않고 끝장을 내려고 덤빈다는 뜻으로 위기의 순간에 목표를 이루겠다는 큰 결심이나 의지를 표현한 말이에요.

死 죽을 사 | 生 날 생 | 決 결단할 결 | 斷 끊을 단

환골탈태
換骨奪胎

뼈를 바꾸고 태를 벗는다는 뜻으로, 열심히 노력하여 몸과 얼굴이 몰라볼 정도로 아름답게 변하는 것을 말해요. 진정한 환골탈태는 내면부터 아름다워지는 거지요.

換 바꿀 환 | 骨 뼈 골 | 奪 벗을 탈 | 胎 태 태

〈도전! 고사성어 퀴즈〉

● 1단계 초성 퀴즈

1. 화가 바뀌어 복이 된다는 뜻으로, 불행한 일이 닥쳐도 노력하면 좋은 결과를 가져올 수 있다는 말이에요.

→ ㅈ 화 ㅇ 복

2. 염색 재료인 쪽잎보다 잎에서 뽑아낸 물감이 더 푸르다는 뜻으로, 제자가 발전해서 스승보다 더 뛰어난 모습을 말해요.

→ ㅊ ㅊ 어 람

3. 호랑이가 먹이를 노린다는 뜻으로 어떤 일을 지켜보면서 나에게 알맞은 기회를 노린다는 말이에요.

→ 호 시 ㅌ ㅌ

4. 교묘한 말과 꾸며 낸 얼굴빛이라는 뜻으로, 다른 사람에게 잘 보이기 위해 말과 표정을 꾸며서 아부하는 태도를 말해요.

→ 교 언 ㅇ ㅇ

5. 반딧불이를 잡아 그 불빛으로 공부해 이룬 성공이란 뜻으로, 힘든 상황에서도 열심히 공부하는 모습을 말해요.

→ ㅎ ㅅ ㅈ ㄱ

●● 2 단계 심화 퀴즈

6. 지난 잘못을 뉘우치고 바로잡아 바르고 착하게 되었다는 뜻이에요.

○ ○ ○ ○

7. 겉모습이 위엄이 있고 당당하다는 뜻으로 자신감이 넘치는 모습을 말하는 고사성어는?

① 사생결단 ② 위풍당당 ③ 와신상담 ④ 지피지기

8. 누구의 도움 없이 스스로의 힘으로 큰 성공을 이룬다는 뜻의 자수성가를 의미하는 한자 카드를 찾아 보세요.

換骨奪胎   知彼知己   束手無策   自手成家

정답

1. 전화위복 2. 청출어람 3. 호시탐탐 4. 교언영색 5. 형설지공 6. 개과천선
7. ② 8. 自手成家

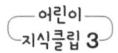

우리는 고사성어 탐정단

초판 1쇄 발행 2020년 2월 14일
초판 2쇄 발행 2021년 1월 25일

글	정재은
그림	신동민
편집	김서중·전현정 이선아 김채은 정윤경 | **디자인** 샘솟다
제작	박천복 김태근 고형서 | **마케팅** 윤병일 김수진 박유진 | **홍보 디자인** 최진주
펴낸이	김경택
펴낸곳	(주)그레이트북스
등록	2003년 9월 19일 제313-2003-000311호
주소	서울시 구로구 디지털로31길 20 에이스테크노타워5차 12층
대표번호	(02) 6711-8676
홈페이지	www.greatbooks.co.kr
ISBN	978-89-271-9618-1 74700
	978-89-271-9246-6(세트)

※이 책은 저작권법에 따라 보호받는 저작물이므로 무단전재와 무단복제를 금합니다.

이 도서의 국립중앙도서관 출판예정도서목록(CIP)은
서지정보유통지원시스템 홈페이지(http://seoji.nl.go.kr)와
국가자료종합목록시스템(http://www.nl.go.kr/kolisnet)에서
이용하실 수 있습니다.(CIP제어번호 : CIP2020004141)